Erika Bayrle

## Von der Veränderung zur Heilung

Wie ich durch meine innere Veränderung physische und psychische Stabilität erreicht habe

Impressum:
Alle Rechte vorbehalten
Texte: Erika Bayrle
Umschlagbild: Erika Bayrle

© 2020 Erika Bayrle
Herstellung und Verlag: BoD – Books on Demand, Norderstedt

ISBN: 9 783751 979795

# Inhaltsverzeichnis

Vorwort................................................................7

Schreiben und mich selbst entdecken................9

Gute Freunde.....................................................12

Allein sein im Urlaub.........................................15

Mutig nach vorne schauen................................19

Sorgen loslassen................................................24

Veränderungen zulassen...................................27

Familien mit autistischem Kind in der Isolation...29

Achtsamkeit üben..............................................33

Mein Brief an das Leben...................................36

Mein Leben annehmen und im Moment leben....38

Mein Schicksal – Mein Weg.............................41

Keine Erwartungen an Andere haben...............45

Die Kunst zu entspannen..................................45

Aktivitäten die heute mein Leben bereichern.......49

Leben voll Freude..................................51

Woraus ich Kraft schöpfe........................55

Mit Freude älter werden..........................58

Die Freiheit in der Natur spüren...............61

Meine innere Freiheit erlangen................65

Von Herzen lachen................................69

Gebetsmeditation..................................72

Die kalte Jahreszeit................................75

Meine Suche nach Geborgenheit...........77

Vom Loslassen und Verzeihen..............80

Meine persönliche Auszeit....................83

Nichts ist unmöglich.............................86

Wozu Veränderung?.............................90

Leichtigkeit und Freude........................94

Sich neu erfinden.................................96

Das Alleinsein als Genuss erfahren......98

Die Sonne spüren.................................98

Malen für das seelische Gleichgewicht...............103

Mit dem Leiden wachsen und reifen...................106

Das Ziel der Langsamkeit......................................110

Die Corona-Pandemie...........................................113

Sehnsüchte............................................................117

Alles wird gut.........................................................121

Meine Arbeit als Schulbegleitung.........................123

Was ist Autismus?................................................128

Literaturempfehlungen.........................................132

Über die Autorin...................................................135

Kontakt zur Autorin..............................................136

Notizen..................................................................137

## Vorwort

Nachdem ich mein erstes Buch „Erika" fertig hal wende ich mich geradewegs einem neuen Buch zu. Ich habe ein ungeheueres Bedürfnis entwickelt, über meine Veränderung und über mein Leben ⁻·· schreiben.

Mein zweites Buch „Von der Veränderung zur Heilung" soll den Anstoß dazu geben, dass man Veränderungen im Leben zulassen sollte. Und dass eine noch so schlimme Krise im Leben eine Chance bedeuten kann, wenn man diese erkennt und ergreift.

Es geschieht im Leben nie etwas umsonst. Man muss den Sinn erkennen und seine Stärken nutzen; das heißt seine Talente nicht vergeuden.
Ich habe zum Beispiel schon immer gewusst, dass ich Talent zum Schreiben habe. Dieses Talent habe ich aber erst genutzt als es mir schlecht ging.

Ich schrieb über mich und mein Leben, weil es mir zu der Zeit guttat, mir alles von der Seele zu schreiben. Dass dabei einmal ein Buch daraus entstehen würde, wusste ich zu dem Zeitpunkt noch gar nicht. Die Idee dazu reifte erst später.
Ich habe schon immer gerne geschrieben, weil ich mich schriftlich besser ausdrücken kann als mündlich. Ich habe eben nicht so das große Redetalent, sondern eher das Schreibtalent. Irgendwann ist dann der Wunsch entstanden ein Buch zu schreiben. In diesem Buch „Von der

Veränderung zur Heilung" möchte ich noch etwas genauer über meine Veränderung heute und über meine daraus resultierende Heilung eingehen. Dabei möchte ich alle, - in erster Linie die Eltern mit einem behinderten Kind - besonders Eltern mit einem autistischen Kind - ansprechen weil ich selber eine betroffene Mama bin und ein autistisches Kind großgezogen habe und weiß, was dies für ein nervlicher und psychischer Kraftakt ist, besonders, wenn es einen ziemlich großen Hilfebedarf hat. Und trotz Allem kann es eine sehr bereichernde und auch schöne Aufgabe sein, die der liebe Gott uns hier anvertraut hat. Das schönste daran ist, dass uns der liebe Gott diese große und herausfordernde Aufgabe auch zutraut. Man darf nur dabei sich selbst nicht vergessen.

## Schreiben und mich selbst entdecken

Ich habe für mich eine neue Leidenschaft entdeckt – nämlich das Schreiben. Durch das Schreiben bin ich mir selbst am Nähesten.

Eine leere Schreibvorlage wird hier zu meiner besten Freundin, der ich alles anvertrauen kann was mir in den Sinn kommt. Meine Finger tippen immer schneller werdend in die Tastatur, denn sie müssen ja schließlich mit dem Tempo meiner Gedanken mithalten können.

Im Moment habe ich eine sehr gute Phase. Mir geht es psychisch wieder gut und das ist das Wichtigste. In meinem ersten Buch „Erika" bin ich alles losgeworden was es loszuwerden gab. Hier habe ich das Schreiben wie eine Therapie empfunden und ein Weg aus meiner persönlichen Lebenskrise.
Ich treffe meine Entscheidungen selbst und lebe <u>mein Leben.</u> Dass ich „mein Leben" unterstreiche kommt daher, weil ich lange Zeit mein Leben zurückgestellt und nur für meine kleine Familie gelebt habe. Das heißt, ich war immer nur für meinen Mann und meinen autistischen Sohn Manuel da.

Nachdem Manuel mit 22 Jahren im November 2011 ins Heim kam, bekam ich im Jahr 2012 gesundheitliche Probleme. Von einer Erschöpfungsdepression, die einen längeren Aufenthalt in eine psychosomatische Klinik erforderlich machte, bis zu Arthrosen an den

Händen und schmerzenden Füßen. Nach dem Klinikaufenthalt ging ich regelmäßig zum Psychotherapeuten zur Gesprächstherapie, die mir sehr gut tat. Schließlich stellte man dann, es war 2013 einen Knoten an der Schilddrüse fest, woraufhin die Schilddrüse entfernt werden musste. Die Untersuchung des Knotens im histologischen Labor ergab später im Befundbericht einen bösartigen Tumor. Diese Nachricht schockierte mich sehr und trug nicht gerade positiv für meine ohnehin schon labile Psyche bei. Der Arzt, der mir die Schilddrüse entfernte meinte daraufhin, man müsste vorsichtshalber nochmals nachoperieren und überwies mich zu seinem Kollegen in die Schilddrüsenambulanz nach Augsburg. Nach einer eingehenden Untersuchung dort, teilte man mir die erfreuliche Nachricht mit, dass ich doch nicht mehr nachoperiert werden muss. Ich war so erleichtert, dass mir eine Zentnerlast vom Herzen fiel.

Die beste Therapie außer den Gesprächen war damals das Schreiben und der Aufenthalt an der frischen Luft. Bis heute spaziere ich mit meinen Walkingstöcken in Richtung Wald und erfreue mich an der schönen und sich ständig verändernden Natur.

Schreiben heißt für mich auch meiner Kreativität freien Lauf zu lassen. Mit Begriffen zu jonglieren, seine Gefühle zum Ausdruck bringen und dadurch ganz bei sich zu sein.

## Gute Freunde

Gute Freunde sind in meinem Leben sehr wichtig geworden. Freunde, die sich Zeit für mich nehmen. Es braucht nicht viel, nur einige sehr gute Freunde, mit denen ich über alles reden kann. Mit so einem guten Freund tausche ich mich mittlerweile immer wieder mal gerne aus. Er ist Freund und Berater gleichzeitig. Er arbeitet im Behindertenbereich und ich als Schulbegleitung eben auch. So sind wir auf einer Ebene. Er war für ein Jahr der Begleiter in der Freizeit von unserem Manuel. Klaus ist ein erfahrener Heilerziehungspfleger und kannte sich mit dem Verhalten von unserem Sohn recht gut aus und kam deshalb mit ihm sehr gut klar.

Einige gute Freunde gewann ich auch bei meinem Aufenthalt in der psychosomatischen Klinik. Zu einigen von ihnen habe ich bis heute noch Kontakt. Mit einer von ihnen telefoniere ich regelmäßig und wir schicken uns gegenseitig zum Geburtstag und Weihnachten kleine Geschenke. Es ist einfach schön, wenn man so eine gewisse Wertschätzung spürt.

Da ist auch noch die eine oder andere Freundin von meinem ehemaligen Autismusverein, mit denen ich mich immer noch gut verstehe und Kontakt halte oder auch ab und zu mit ihnen ins Kino gehe. Eine gute Freundin ebenfalls aus Hainsfarth geht ab und zu mit mir walken oder wir machen eine Radtour. Es tut einfach gut, sich mit Freundinnen zu unterhalten und auszutauschen. Diese Kontakte pflege ich, weil sie mir wichtig sind.

Es müssen nicht viele sein, aber einfach ein paar gute, denen man wirklich vertrauen kann und mit denen ich mich gut verstehe. Solche Freunde habe ich früher sehr vermisst und fühlte mich deshalb oft ein wenig einsam. Früher heißt, in der Zeit, als Manuel noch klein war und ich nur für meine kleine Familie da war. Da hätte ich mir schon manchmal so eine Freundin gewünscht mit der ich über alles reden hätte können.

Es gab schon ein paar sogenannte Außenkontakte, aber es war nicht das, nach dem ich mich sehnte.

Meine Freunde heute geben mir auch den nötigen Halt und ein gewisses Quantum an Selbstwertgefühl, das in meiner schwierigen Zeit auch sehr gelitten hat. In solchen Krisen bewährt sich eine gute Freundschaft immer am Besten.

Viele betroffene Eltern mit einem behinderten Kind schotten sich zwangsläufig von der Gesellschaft ab, denn ihr Alltag richtet sich ganz nach ihrem hilfebedürftigen Kind aus und frühere Kontakte und Freundschaften gehen dabei verloren.

Ich habe dem entgegengewirkt, in dem ich die Elternselbsthilfe gegründet habe und immer offen mit der Behinderung unseres Sohnes umgegangen bin. Für mich als kontaktfreudiger Mensch wäre es unmöglich gewesen so abgeschottet und ohne Außenkontakte zu leben. Ich glaube, ich wäre eingegangen wie eine Primel.

Ein Gedicht von Christel Härich das mir hierzu sehr gut gefällt:

**In Freundschaft**

Gedanken sind dazu da, dass man sie sich macht,
Späße sind dazu da, dass man lacht.
Doch das Wichtigste im Leben:
Es muss gute Freunde geben,
mit denen man besprechen kann,
was einen bedrückt,
dann ist auch das Leben nach Schicksalsschlägen
wieder geglückt.

## Allein sein im Urlaub

Mein Mann geht wegen seiner diversen Krankheiten nicht mehr in Urlaub. Da ich aber gerne reise, fahre ich schon seit fünf Jahren alleine in den Urlaub. Ich habe schon oft auch Klaus besucht, der vor einigen Jahren nach Mecklenburg-Vorpommern gezogen ist. So lernte ich dann die Mecklenburgische Seenplatte kennen.
Aber nicht nur das – ich fuhr auch mal nach Brandenburg an einen kleinen Ort zu einer wunderschönen Mühle. Dort ist ein beschaulicher See – der Tornowsee – und ein angrenzender weiter Buchenwald. Da war ich zehn Tage lang ganz allein. Diese Erfahrung war für mich ganz besonders intensiv. Mit mir ganz allein zu sein und mich mit mir selbst beschäftigen, war neu für mich.
Es war interessant, denn ich lernte da vor allem, mich mit mir selbst zu befassen und auch meinen Tag selbst zu gestalten. Mit sich ganz allein zu sein und seinen Tagesablauf selbst zu organisieren, war anfangs gar nicht so leicht. Eben eine neue Herausforderung. Zum Beispiel seinen Tag allein zu gestalten. Was unternehme ich heute? Eine Radtour? Okay! Ich leihe mir da ein Fahrrad aus. Also ging ich zum Fahrradverleih und lieh mir ein für mich passendes Fahrrad aus und fuhr dann...
Ja, wo fahre ich denn überhaupt hin? Wegweiser fielen mir ins Auge.
>>> Zum Waldmuseum acht Kilometer. Dieser Wegweiser machte mich neugierig.
Also machte ich mich auf den Weg in diese Richtung, die durch den Wald führte. So fuhr ich mit

meinem geliehenen „Drahtesel" zum Waldmuseum nach Stendenitz. Diese Aktion erforderte eine ziemliche Portion Mut. Nach etwa einer Stunde Fahrt nur durch den Wald erreichte ich dann mein Ziel. Erleichtert, dass ich es geschafft habe, stellte ich mein Fahrrad vor dem Waldmuseum ab und sicherte es mit dem Schloss. Nun ging ich neugierig in das Museum – ich liebe Museen - und ließ mich bei einer wunderbaren Atmosphäre einer Märchenwelt verzaubern.

Da ich ein kontaktfreudiger Mensch bin, unterhielt ich mich noch eine Weile mit einer Besucherin und fragte schließlich noch nach der Waldschänke im Ort, wo ich dann zu Mittag aß.

Bevor ich mich auf den Rückweg machte, spazierte ich noch den Steg am Zermützelsee entlang. Dort machte ich noch ein paar schöne Bilder.

Auf dem Rückweg passierte dann doch das, wovor ich am meisten Angst hatte. Ich verfuhr mich ein wenig, weil ich ein Wegweiserschild übersehen hatte. Kurz überkam mich ein banges Gefühl, aber dann machte ich mir selbst wieder Mut, in dem ich laut zu mir selbst sagte: „Erika, bis heute Abend bist du schon wieder zurück." Da auf meinem Weg auch immer wieder Leute vorbeikamen, fragte ich mich einfach durch und so kam ich dann doch noch zeitig zu meinem Domizil zurück. Geschafft! Na also, es geht doch.

Am anderen Tag nahm ich mir vor, ins vorhandene Solebad zu gehen und dort zu schwimmen und zu relaxen. Es ist wunderbar sich auf das salzhaltige Wasser zu legen und sich vom Wasser tragen zu lassen. Nach einigen Runden schwimmen machte ich es mir im Ruheraum auf einer Liege mit einem Buch bequem. Ich vermisste nichts und niemanden. Nur ich mit mir selbst. Ruhe pur. Niemand der etwas von mir will, keine Kompromisse machen müssen und im Besitz der ganz eigenen Entscheidungsfreiheit. Tun und lassen was mir gerade gefällt. Das hat schon was. Ein gemütlicher alter Strandkorb direkt am Tornowsee war mein absoluter Lieblingplatz. Hier konnte ich die absolute Stille genießen und so lange lesen wie ich wollte. Unweit von meinem Strandkorb entfernt, sah ich da mal einen Fuchs vorbeihuschen. Auch ein kleiner grüner Laubfrosch gesellte sich mal in die Nähe von mir. Ich staunte und freute mich über so seltene Auftritte, die die Natur mir hier bot, wenn es auch nur kurze Augenblicke waren. Doch es war wunderschön für mich.

Ich nahm mir auch noch vor, rund um den Tornowsee zu laufen. Das war eine angezeigte Strecke von ebenfalls acht Kilometern. Ich zögerte aber immer wieder und war unsicher ob ich diese Strecke wirklich schaffe. Was, wenn ich mich verlaufe? Diese Gedanken kamen nur kurz mal auf. Doch dann entschied ich mich diese Tour zu machen und nahm mir vor, immer den See im Auge zu behalten. So marschierte ich los und es war einfach wunderbar.
Wieder genoss ich das Alleinsein, die Natur und den See. Ich kam an einem Campingplatz vorbei, wo ich in einem kleinen Laden eine Flasche Wasser kaufte und fragte auch gleich wie weit es noch bis zur Mühle ist. „Das sind noch zirka vier Kilometer,"

sagte die freundliche Verkäuferin. Also bin ich schon die Hälfte gelaufen. Ich setzte mich gemütlich auf ein Bänkchen am See, das zum Verweilen einlud und trank mal einen Schluck von dem eben gekauften Wasser. Dort blieb ich eine Weile sitzen.

Nach zirka dreieinhalb Stunden hatte ich es geschafft und ich langte bei der Mühle wieder an. Nach dieser ausgiebigen Wanderung schmeckte dann das Mittagessen. Ich war richtig stolz auf mich. Die Erfahrung ganz allein unterwegs zu sein und ganz auf sich selbst gestellt, in einer fremden Umgebung, war sehr intensiv und ich lernte mich dabei von einer ganz neuen Seite kennen und ich fühlte mich frei. Denn ich weiß jetzt auch, dass ich es auch allein schaffen kann, dass ich niemanden brauche. Das ist ein gutes Gefühl von niemanden abhängig zu sein.

## Mutig nach vorne schauen

Durch meine Erfahrungen mit mir selbst, die ich im Urlaub gemacht habe, bin ich auch ein stückweit unabhängiger geworden. Ich habe gemerkt dass ich sehr viel selbstbewusster und mutiger geworden bin und lasse mich nicht mehr so leicht aufhalten oder ausbremsen.

So habe ich nach meiner Depression Selbstvertrauen bekommen und neuen Mut gefasst. Als ich dann den Job als Schulbegleitung für einen autistischen Jungen bekommen habe, dachte ich nur kurz, hoffentlich schaffe ich das. Dieses Zaghafte, Zögerliche ist schon manchmal noch da, aber nur ganz kurz. Doch im nächsten Moment sage ich mir, Erika, natürlich schaffst du das. Du kannst das.
Ich weiß auch, wenn man sich selbst ausbremst und sich nichts zutraut, wird man auch nicht erfahren, was man eigentlich alles kann und das wiederum wäre schade.
Deswegen war es auch wichtig, dass ich meine Angst überwunden habe. So habe ich damals die Herausforderung angenommen und arbeite jetzt schon das vierte Jahr als Schulbegleitung. Ich habe einen guten Bezug zum Kind aufgebaut und genieße auch die Wertschätzung seiner Mutter. Nicht nur das, ich werde auch von den Lehrern angenommen und komme mit allen ganz gut klar. Außerdem habe ich durch diesen Job ganz liebe Kolleginnen in unserem Team gewonnen. Meine Angst, es nicht zu schaffen war also unbegründet.

Jetzt bin ich durch meinen Mut, mich auf etwas Neues einzulassen, sehr viel selbstbewusster geworden. Das Leben ist eben ein einziges Übungsfeld. Der Job als Schulbegleitung ist somit mein Steckenpferd geworden und ich könnte mir im Moment nichts anderes mehr vorstellen. In diesem Jahr kommt mein Schulkind aus der Schule und das bedeutet für mich, dass ich ein neues Schulkind zum Unterstützen brauche.
Seit Kurzem weiß ich, dass ich einen kleinen autistischen Jungen, der erst neu eingeschult wird im neuen Schuljahr begleiten darf. Ich habe mich sehr darüber gefreut. Es geht also weiter für mich in meinem Job. Es ist auch spannend was in der Zukunft auf mich wartet. Eine neue Schule, ein anderes Kind, andere Lehrer und Eltern sowie eine neue Klasse. Also eine völlig neue Herausforderung die auf mich zukommt und auf die ich mich schon richtig freue, weil ich sie mutig und selbstbewusst annehme.

Durch meine zahlreichen Hobbies hat am Ende mein gesamtes seelisches Befinden profitiert. Zum Einen habe ich vor zirka sechs Jahren angefangen zu malen. Hier kann ich meine gesamte Kreativität ausleben. Ich probiere mich aus, in dem ich alle möglichen Arten des Malens versuche und jede auf seine Art finde ich total spannend. Abstraktes, Impressionismus, Expressionismus und alle möglichen Acryltechniken. Da gibt es so viele verschiedene Möglichkeiten, wie bunte Fantasiebilder oder ich male ein Landschaftsbild ab, oder auch Blumen mit Aquarellfarben und auch

moderne Kunst. So kamen mit den Jahren über hundert Bilder zusammen. Einige davon die mir besonders gefallen haben, habe ich dann gerahmt und im Haus aufgehängt. Jedes meiner Bilder die ich gemalt habe, habe ich fotografiert und dann auf meinen Computer geladen, bearbeitet und eine Diashow angelegt. Ich bin ganz stolz auf meine Bilder. Auf die Vorderseite meines Buches wird ebenfalls eines meiner gemalten Bilder kommen. Wenn man so eine Leidenschaft für sich entdeckt hat, ist das eine wunderbare Bereicherung für sich selbst.
Ein weiteres Hobby für das ich brenne ist das Schmuck kreieren. Ich habe mir dafür das nötige Material besorgt. Perlen habe ich noch jede Menge von alten Perlenketten die ich aufmachte. Ich fädle damit zeitgemäße wunderschöne neue Modelle, sowie passende Ohrringe dazu. Bei diesen Hobbies bin ich ganz bei mir und ich kann dabei richtig gut entspannen und obendrein macht es unwahrscheinlich viel Spaß. Hier kann ich ebenfalls meiner Kreativität freien Lauf lassen und grenzenlos variieren und passende Ketten zu meinen Klamotten anfertigen. Auch verschiedene Armbänder knüpfen zu meinen T-Shirts ist eine schöne Beschäftigung die viel Freude macht.

Beim Schreiben, Walken und Fotografieren bin ich mir selbst sehr nahe und diese wunderbaren Hobbies stärken mich und haben mich letztendlich zu mir selbst finden lassen. Ein sehr intensives und erhabenes Gefühl, das ich nicht mehr missen möchte. Im Endeffekt hat es mich gesund gemacht.

Ich erkenne dabei meine Talente und Gaben, die ich ja von Gott geschenkt bekommen habe.
Dabei treten alle Sorgen und Leiden in den Hintergrund. Wahrscheinlich sind deswegen diese Leidenschaften so sehr in den Vordergrund gerückt.

Mein Weg hat sich in den letzten Jahren immer klarer abgezeichnet. Es ist schön zu sehen welche Fähigkeiten man so hat. So schaue ich mutig und entschlossen nach vorne und nicht mehr ängstlich und verzagt zurück. Und darauf darf ich stolz sein.
Hobbies zu haben finde ich inzwischen lebenswichtig. Für Jemand der gar keine Interessen hat, wird das Leben mit der Zeit langweilig und trist. Doch dafür ist das Leben viel zu wertvoll, um es einfach nur so zu durchlaufen. Deshalb sollte jeder Mensch auch eine Freude im Leben haben und sich auf seinem Weg so viel wie möglich ausprobieren. Seine Talente erkennen und das machen was glücklich macht. Es ist einfach schön, wenn man noch für etwas brennt.

Ein Bild, das ich gemalt habe.
"Die Küstenlandschaft" von August Babberger

## Sorgen loslassen

Seine Sorgen wirklich loszulassen kann ein jahrelanger Lernprozess sein. Es lohnt sich aber, sich ernsthaft darin zu üben. Ich zum Beispiel habe mich nach der Psychotherapie darauf eingelassen und natürlich auch Bücher darüber gelesen wie zum Beispiel „Vögel fliegen ohne Koffer" von Ajahn Brahm. Dieses Buch hat mir sehr geholfen von all meinem Ballast frei zu werden.

Ich lernte durch Lesen solcher Bücher auch viel über die Achtsamkeit und Meditation. Vor allem viele verschiedene Formen der Meditation. Zum Beispiel die Geh-Meditation, die ich bis heute ausübe. Das ist mir sehr wichtig geworden. Hier bekommt man wirklich den Kopf frei. Loslassen und freiwerden das führt zur Entspannung.

Freiwerden beginnt auch immer im Kopf.
Manche Menschen brauchen tatsächlich dieses „Sorgenmodell" Sie machen sich direkt wegen jeder Kleinigkeit sorgen. Oder sie machen sich Sorgen, da wo es noch gar nichts gibt um sich Sorgen zu machen. Ich habe mir früher auch oft Sorgen gemacht. Vielleicht steckt das ja irgendwie in jedem Menschen ein wenig drin. Nur muss das „Sich Sorgen machen" seine Grenzen haben. Heute denke ich eher positiv und übergebe meine Sorgen lieber meinem Jesus. Denn er wandelt sie und ich kann auf ihn vertrauen. Sorgen machen krank und der liebe Gott will das nicht, dass wir krank werden und deswegen nimmt er gerne unsere Sorgen an. Sorge bedeutet auch Angst. Deswegen sollte man sich dieser Angst auch stellen. Ich habe dagegen auch gekämpft und getan was zu tun war. Durch regelmäßiges Meditieren, Beten und Nordic-Walking habe ich immer wieder meinen Kopf frei bekommen. Folglich übe ich diese wohltuenden und noch dazu kostenlosen Praktiken bis zum heutigen Tag aus. Ich habe dadurch irgendwann aufgehört, mir ständig irgendwelche Sorgen zu machen und habe losgelassen. Meine Ängste sind dadurch auch weniger geworden.

In der Vergangenheit habe ich mir auch immer viele Sorgen gemacht. Zum Beispiel Sorgen um meine berufliche Zukunft und um das Geld, um meinen Sohn und um meinen kranken Mann. Als ich aufgehört habe mir ständig Sorgen zu machen – damals weinte ich sehr viel – hat sich wie von selbst alles zum Guten gewendet. Das heißt, der liebe

Gott hat alles gewandelt. Ich habe auf Gott vertraut und alles angenommen, was nicht zu ändern war. Mein Sohn, der autistisch ist, ist ruhiger und entspannter geworden, ebenfalls mein Mann hat sich regeneriert, abgesehen jetzt von seinen chronischen Beschwerden. Und ich habe dann auch noch 2015 meinen Traumjob bekommen, als ich schon gar nicht mehr daran gedacht habe. Ich begleite seitdem einen autistischen Jungen in der Schule und somit haben sich auch meine Geldsorgen in Luft aufgelöst.
Heute kann ich von mir sagen, dass ich mein Leben lebe und zwar sorgenfrei.
So paradox es klingen mag, doch erst wenn wir Sorgen loslassen und uns auf das einlassen was ist, das heißt, dass ich die Sorgen, die ich habe oder hatte, angenommen habe. Denn ich kann ja nur etwas loslassen, sei es Sorgen, Ärger oder Probleme, wenn ich diese auch angenommen habe. Erst dann ist es möglich, den Halt zu finden, der uns das Vertrauen an das Leben gibt. Wenn wir uns dem Leben anvertrauen, hält es uns und lenkt uns durch die schwierigsten Phasen unseres Daseins. Wir kommen uns dadurch selber wieder näher und finden so zu uns selbst.

Ein weiser Spruch von Daphne Rose Kingma, der hierzu ganz passend ist:

*„Festhalten heißt glauben, dass es nur eine Vergangenheit gibt; Loslassen heißt wissen, dass eine Zukunft existiert."*

## Veränderungen zulassen

Als Mensch macht man zwangsläufig immer wieder neue Entwicklungen durch. Man kann es auch neue Lebensabschnitte nennen.

Mein bester Lebensabschnitt glaube ich ist der jetzige, weil ich diesen sehr bewusst wahrnehme und eben auch meine Veränderung bewusst wahrnehme. Ich gehe mit dieser Veränderung mit, weil ich die Entwicklungen die ich mache positiv sehe und spannend finde. Ich bin offen für meine Veränderung in meinem Leben und lasse sie zu. Insgesamt bin ich mit meinem Leben zufriedener und dadurch auch entspannter geworden. Dass ich in meinem Alter - ich war damals immerhin schon 54 Jahre alt – noch mal beruflich total neu durchstarten würde, hätte ich nie gedacht. Aber man sollte niemals nie sagen. Auch hier habe ich Veränderung zugelassen. So fühle ich mich jetzt auch nicht mehr alt, sondern eher gereift und selbstbewusst. Als Schulbegleitung habe ich nun eine Aufgabe gefunden, die mich erfüllt. In diesem neuen Schuljahr 2019/20 wird es für mich ebenfalls wieder eine Veränderung für mich geben. Mein Schulkind das ich bisher betreut habe kommt aus der Schule und ich werde dann ein neues Schulkind in einer neuen Schule begleiten. Das heißt für mich auch neue Lehrerinnen und Lehrer kennenlernen, einen Bezug zum Schulkind und seinen Eltern aufbauen und mich an die neue Schule und die Klasse gewöhnen. Mit Spannung und Neugier werde ich hier meiner Veränderung entgegensehen.

Ich finde, wer nicht offen für die Veränderung ist und ängstlich am Alten festhält, das längst ausgedient hat, der kann keine Entwicklung mehr machen. Stattdessen kann es krank machen, denn keine Entwicklung bedeutet Stillstand. Er stumpft ab und wird dabei auch weltfremd und so traut er sich immer weniger zu.
Dies kann sogar soweit kommen, dass er sich nicht mal mehr aus dem Haus traut. Es ist deshalb wichtig, dass er mutig genug ist, Veränderungen zuzulassen. Somit trainiert er auch seine Gehirnzellen.

Ich mag zum Beispiel schon immer wieder neue Herausforderungen und freue mich auch auf meinen neuen Aufgabenkreis. Es gehen mir zwar im Moment alle möglichen Fragen und Gedanken bezüglich meines neuen Schulkindes, das auf mich wartet durch den Kopf. Aber es ist schon spannend was alles Neues auf mich zukommen mag. Ich werde in absehbarer Zeit die Eltern und ihr Kind kennenlernen und werde positiv in die Zukunft schauen.
Solche Veränderungen lösen in mir zwar anfangs immer wieder so eine kleine Unsicherheit aus, die eben auch zu mir und meinem Wesen dazugehören. Dies weiß ich aber und nehme diese auch an. Das Wichtigste daran ist, dass ich trotzdem diese Veränderungen zulasse und mich nicht mehr ängstlich dagegenstelle.

## Familien mit autistischem Kind in der Isolation

Oft sind es die autistischen Kinder die ausgegrenzt werden. Jedoch leidet oft die ganze Familie darunter. Wenn man mit einem autistischen Kind in der Familie lebt, ist das für viele Eltern eine große Belastung. Vor Allem eine zeitliche und finanzielle, wenn zum Beispiel oft ein Elternteil ihre berufliche Tätigkeit aufgeben muss – meistens sind dies die Mütter – um Termine zu den verschiedenen Therapien oder sonstigen Förderungen wahrnehmen zu können.

Häufig kommt es auch vor, dass im nächsten Umfeld Vorwürfe laut werden, - die gehen auch noch oft auf das Konto der Mütter – man würde zu wenig mit dem Kind reden oder das Kind wäre schlecht erzogen. Denn einem autistischen Kind sieht man seine Autismus-Spektrum-Störung ja nicht auf den ersten Blick an.

Mir zum Beispiel ging es mit meinem Sohn so. Wenn er wieder mal ausrastete oder als Spätentwickler mit drei Jahren immer noch nicht so richtig sprechen konnte.

Bei derartigen Einschränkungen in der Familie leidet auch die Partnerschaft unweigerlich. Denn durch die Belastung, die ein autistisches Kind mit sich bringt, ist eine Normalität kaum mehr möglich.

Es gibt oft Meinungsverschiedenheiten und das Kind rastet aus, weil sie ein feines Radar haben, wenn es um sie selbst geht. Unter diesen

Umständen sind schon oft Ehen gescheitert. Die Harmonie innerhalb der Familie ist eher selten geworden.

Durch eine Scheidung geht ein Elternteil oft mehr und mehr in die Isolation hinein.

Es gehen Freundschaften verloren und das Elternteil schottet sich von der Außenwelt ab, weil es sich um sein autistisches Kind kümmern muss. Meistens wird dann auch keine Hilfe von Außen in Anspruch genommen, weil dies schon wieder mit bürokratischen Hürden verbunden ist, die betroffene Eltern oft scheuen. Der Fokus ist nur noch auf das autistische Kind gerichtet. Die eigenen Wünsche und Bedürfnisse bleiben auf der Strecke.

Mein Mann und ich haben uns zwar nicht scheiden lassen, aber die Ehe und nicht zuletzt die Gesundheit haben schon darunter gelitten, weil es eben auch eine jahrelange nervliche Belastung war, bis unser Sohn mit 22 Jahren ins Heim kam, wo es ihm sehr gut geht.

Es existieren nur noch die Sorgen um die Zukunft des Kindes, sowie seine Probleme in der Schule. Nicht selten bekommt man als Mutter auch oft Schuldgefühle. Das Gefühl versagt zu haben. Ich hörte oft von anderen: „Du musst mehr mit deinem Kind reden." Oft ist man auch vom Leben enttäuscht.

**Man kann aber auch aus dieser Isolation herausgehen.**

Es liegt nämlich meistens an den Familien selbst, wenn sie in ihrer Situation ergeben, ausharren und sich bereits damit abgefunden haben. Oft wollen sie mit der Außenwelt nichts mehr zu tun haben, weil sie von ihr zu sehr enttäuscht worden sind. Um aus dieser Isolation herauszutreten bedarf es eine große Portion Eigeninitiative. Wenn Eltern mal wissen welche Form von Autismus ihr Kind hat und wie sie mit ihrem Kind umzugehen haben, befreien sie sich von ihren Schuldgefühlen. Dazu bedarf es in jedem Fall an Schulung. Das heißt, sich über diese Störungsbilder zu informieren. Unweigerlich kommen sie dann mit anderen betroffenen Eltern in Kontakt und sie erfahren dabei, dass sie mit ihren Problemen nicht allein sind.

Der Austausch mit Gleichbetroffenen, die in der selben Situation sind kann schon sehr entlastend wirken. Es entstehen dadurch nicht selten Freundschaften oder Selbsthilfegruppen in der sich Eltern sehr wohlfühlen. Eltern sollten sich nicht scheuen Hilfen in Anspruch zu nehmen.

Ich habe als betroffene Mutter eine Elternselbsthilfe gegründet und so für einen Austausch gesorgt.

Entlastend für die Eltern ist auch eine Schulbegleitung, die das autistische Kind in der Schule unterstützt. Aber auch ein Begleiter, der mit dem Betroffenen in seiner Freizeit Unternehmungen macht. Der familienentlastende Dienst, den viele soziale Einrichtungen anbieten, springt dann ein, wenn die Eltern mal verhindert sind. Also alles Hilfen, die die betroffenen Eltern in Anspruch nehmen sollten.

Durch die wiedergewonnenen Sozialkontakte erfahren die Eltern wieder ein neues Lebensgefühl und vergessen oft sogar den Autismus, indem sie sich auch mal über ganz andere Themen unterhalten. Sie treffen sich, machen zusammen schöne Dinge wie grillen, Ausflüge oder gehen zum Schwimmen. Plötzlich ist man nicht mehr allein.

## Achtsamkeit üben

Ich bin ein gläubiger Christ und lebe auch meinen Glauben und zwar mit allen Fasern meines Herzens und mit aller Liebe. Die Liebe zu Jesus hatte ich schon immer und wird auch immer so sein.
Täglich verrichte ich meine Gebete und meditiere dabei. Gerade beim Rosenkranzgebet. Seitdem bin ich sehr viel achtsamer geworden.
Ich mache das nun schon seit mehr als 20 Jahren kontinuierlich. Es tut mir einfach gut und meditiere auch beim Walken im Wald. Jeder Schritt wird hiermit bewusst und achtsam getan. Ich spüre den Wind und nehme ihn bewusst wahr und höre das Zwitschern der Vögel in den Bäumen. Ich empfinde sogar Dankbarkeit dafür, dass ich das erleben darf. Dankbarkeit, dass ich hier im Wald sein und laufen

kann. Was gibt es Schöneres. Dankbarkeit ist auch ein sehr wichtiger Aspekt in der Achtsamkeit. Denn wenn man dankbar durchs Leben geht, ist man automatisch auch achtsam für die kleinen Dinge im Leben.

**Die Geräusche im Wald**

Der Wald ist voll von wunderbaren fast geheimnisvollen Geräuschen. Vögel aller Art unterhalten sich untereinander und geben ein wunderschönes Waldkonzert. Auch der Kuckuck meldet sich aus weiter Ferne. Die Bäume knacken, wenn sie der Wind hin und her wiegt. Ich kann das ganz bewusst wahrnehmen, wenn ich mich darauf konzentriere.

Wie ich Achtsamkeit übe? In dem ich diese in meinen ganz banalen Alltag stets mit einbaue. Zum Beispiel wenn ich Geschirr abwasche, (bei mir gibt es keine Spülmaschine) tue ich das ganz bewusst und bin mit meinen Gedanken nur bei dieser Tätigkeit. Fast bedächtig und liebevoll tauche ich den schmutzigen Teller ins Spülwasser und reinige ihn mit dem Lappen. Kreisend und mit Bedacht (wichtig ist hier immer nur bei dieser Sache zu sein) entferne ich die Speisereste vom Teller bis er sauber ist. Sie werden diese Zeilen jetzt etwas übertrieben finden und sich fragen, was soll das denn? Ich wollte Ihnen aber nur die eigentliche Achtsamkeit erklären und wie man diese in den Alltag mit einfließen lassen kann. So kann man das mit jeder anderen alltäglichen Arbeit machen. Immer nur bei dieser momentanen Tätigkeit sein – nicht die

Arbeit tun und mit den Gedanken woanders sein - und diese ganz bewusst verrichten.
Das hört sich zwar so an, als würde man dabei ja ewig brauchen, aber das ist nicht so. Im Endeffekt ist man dabei genauso schnell fertig wie einer der nicht achtsam war. Achtsam seine Arbeit zu verrichten bedeutet auch, dass man plötzlich auch mehr Gefallen an einer ungeliebten Tätigkeit hat. Mir ging es jedenfalls so. Ich war so versunken in meine Arbeit, dass ich schneller fertig war als früher und es hat auch noch Spaß gemacht.

Durch das trainieren von Achtsamkeit ist meine innere Verfassung friedlicher und ruhiger geworden. Alles was ich mache tue ich mit Bedacht und deshalb gelingen mir die Dinge die ich anpacke auch wieder. Dies war längst nicht immer so. Wenn ich daran denke, dass mir früher immer wieder mal Sachen runtergefallen sind oder mich durch Unachtsamkeit beim Kochen die Hand verbrüht und beim Zwiebelschneiden in den Finger geschnitten habe, ist das heute Vergangenheit.
Egal was ich tue, ich mache es nach bestem Wissen und Gewissen. Eben achtsam und mit Bedacht.

## Mein Brief an das Leben

Mein liebes Leben!

Ich muss Dir heute einmal schreiben, weil ich Dir endlich einmal danken möchte. Doch danken will ich meinem lieben Gott erstmal, weil er mir Dich geschenkt hat. Ohne meinen Gott, den ich über alles liebe, gäbe es Dich gar nicht. Im Großen und Ganzen hatten wir schon eine sehr gute Zeit. Natürlich gab es mit Dir schon auch einige starke Turbulenzen, aber mit unserem lieben Gott haben wir diese auch immer ganz gut gemeistert.
Okay, es gab schon oft Zeiten bei denen ich mit Dir gehadert habe, wenn Du mir mal wieder recht übel mitgespielt hast. Aber danach haben wir uns dann doch wieder miteinander versöhnt. Das finde ich echt super. Bei manchen Menschen aus meinem Umfeld hat das nicht so gut geklappt. Liebes Leben, manchmal habe ich schon gedacht, was machst Du da mit mir? Ich dachte mir, was soll das? Warum bist Du nur so erbarmungslos? Doch heute weiß ich, dass alles seinen Sinn hatte und nichts umsonst war. Dafür danke ich Dir. Ich hätte kein besseres Leben bekommen können. Du hast mich aus den Kinderschuhen in eine Welt gestellt, in der ich schnell lernen musste selbständig zu werden. Ich will ja nicht murren, sondern eher danke sagen, dass Du so bist, wie Du bist. Ich habe zukünftig noch so viel vor und ich freue mich darauf die Zukunft mit Dir zu erleben. Und zwar aus der Vergangenheit heraus zu einem wundervollen

Heute. Eines weiß ich ganz sicher – Langweilig wird es bestimmt nicht.

Wenn Sie meinen, dass es in Ihrem Leben im Moment nicht so gut läuft, dann schreiben Sie ihm doch einfach auch mal so einen Brief. Das ist wirklich eine gute Sache. Es tut nämlich wirklich gut, sich alles was einen bewegt, von der Seele schreiben zu können. Sie können aber auch bei der Gelegenheit Ihrem Leben auch mal danken und ihm schreiben wie sehr Sie es lieben.

## Mein Leben annehmen und im Moment leben

Längst hadere ich heute nicht mehr mit meinem Leben. Im Gegenteil! Ich habe gelernt mein Leben so anzunehmen und zu gestalten wie es mir gefällt. Mein Leben so anzunehmen bedeutet auch Herausforderungen anzunehmen. Das heißt, wenn mein Leben auch noch etwas steinig wird, werde ich mich ihm stellen. Denn oft kommt man erst später dahinter, dass alles was auf einen zukommt - Höhen und Tiefen – auch seine Berechtigung hat. Ich habe auch gelernt Vertrauen in mein Leben zu haben und lebe seitdem sehr viel entspannter und langsamer. Ich lebe jetzt mehr im Moment, denn das Leben besteht eben nur aus Momenten. Leben im Hier und Jetzt. Dieser Augenblick den ich jetzt erlebe, wird sich nicht mehr wiederholen. Ich lebe also bewusster und achtsamer im Augenblick. Ich möchte nämlich am Ende meines Lebens nicht sagen müssen, dass ich bei meinem Leben nicht dabei gewesen bin. Das Leben in der Gegenwart ist es wert gelebt zu werden. Es gibt nämlich so vieles das es gilt jetzt zu leben. Spontan sein, den Moment genießen, achtsam sein, das Leben lieben, lachen, weinen, fühlen, sein Leben gestalten und ausrichten. Mein gegenwärtiges Leben im Moment sieht so aus, dass ich für meinen Mann da bin, wann immer er mich braucht. Ich lausche den Vögeln, schreibe gerade an meinem Buch. Die Vergangenheit habe ich soweit aufgearbeitet und es ist auch noch etwas positives dabei entstanden, nämlich mein erstes Buch. Es soll anderen

Menschen in einer ähnlichen Situation helfen und als Wegweiser dienen. Ich freue mich schon so sehr darauf, mein erstes Buch endlich in meinen Händen zu halten. Freude zu empfinden ist beispielsweise auch etwas sehr positives, das ich im Hier und Jetzt empfinden darf. Einfach schön. Für mich diese Empfindungen bewusst wahrnehmen zu können bereichert mein Leben.

Hierzu passt ein Text, den Jorge Luis Borges 1899 - 1987 seinerzeit verfasst hat:

### *Wenn ich noch einmal Leben könnte*

*Wenn ich mein Leben noch einmal leben könnte,
im nächsten Leben, würde ich versuchen,
mehr Fehler zu machen.
Ich würde nicht so perfekt sein wollen,
ich würde mich mehr entspannen.*

*Ich wäre ein bisschen verrückter,
als ich es gewesen bin,
ich würde viel weniger Dinge so ernst nehmen.
Ich würde nicht so gesund leben,
würde mehr riskieren.
Ich würde mehr reisen, mehr Sonnenuntergänge
betrachten, mehr bergsteigen,
mehr in Flüssen schwimmen.*

*Ich würde an mehr Orte gehen,
wo ich vorher noch nie war.
Ich würde mehr Eis essen, weniger dicke Bohnen.
Ich würde mehr echte Probleme*

*als eingebildete haben.*
*Ich war einer dieser klugen Menschen, die jede*
*Minute ihres Lebens fruchtbar verbrachten.*
*Freilich hatte ich auch Momente der Freude,*
*aber wenn ich noch einmal anfangen könnte,*
*würde ich versuchen,*
*nur mehr gute Augenblicke zu haben.*

*Falls du es noch nicht weißt,*
*aus diesen besteht nämlich das Leben,*
*nur aus Augenblicken. Vergiss nicht das Jetzt!*

*Ich war einer derjenigen, die nirgends hingingen*
*ohne ein Thermometer, eine Wärmflasche,*
*einen Regenschirm und Fallschirm.*
*Wenn ich noch einmal leben könnte,*
*würde ich leichter reisen.*

*Wenn ich noch einmal leben könnte,*
*würde ich von Frühlingsbeginn an bis in den*
*Spätherbst hinein barfuß gehen.*
*Ich würde mehr Karussell fahren,*
*mir mehr Sonnenaufgänge ansehen*
*und mehr mit Kindern spielen,*
*wenn ich das Leben noch vor mir hätte.*

*Aber sehen Sie...*
*Ich bin 85 Jahre alt und weiß,*
*dass ich bald sterben werde.*

*Jorge Luis Borges*

## Mein Schicksal – mein Weg

Als bei der Diagnose unseres Sohnes Manuel damals 1992 zum ersten Mal die geistige Behinderung genannt wurde, erschrak ich zutiefst. Ich konnte es nicht fassen. Welches Schicksal! Was heißt das für mich? Was kommt da auf mich zu? Ich wagte es nicht, zu glauben und es brach eine Welt für mich zusammen. Dann verdrängte ich es erstmal. Doch je älter Manuel wurde, desto weiter ging die Schere auf. Die Entwicklung von Manuel war längst nicht mehr altersgemäß. Wir hatten ja auch immer einen schönen Vergleich mit seinem gleichaltrigen Cousin. Während sich dieser ganz normal entwickelte, blieb Manuel immer mehr zurück.
Bald akzeptierte ich dann diese Schreckens
diagnose und arrangierte mich damit. Schließlich war unser Sohn deswegen nicht weniger liebenswert. Im Gegenteil! Ich lernte, ihn so anzunehmen wie er eben nun mal war. So gewann ich dann auch neu an Stärke. Es war mein Schicksal, das es hieß anzunehmen und das bestmögliche daraus zu machen. Mein Weg führte künftig unweigerlich in die Richtung des Behindertenbereichs.

Ich habe es noch nie Jemanden erzählt: Ich hatte einmal während meiner Schwangerschaft einen eigenartigen Traum. Da sah ich ein bildhübsches Kind auf einer Wiese sitzen. Es sprach nichts und schaute mich mit großen Augen an. Es war, als schaute es durch mich hindurch. Dann hörte ich von weit her eine Stimme, die mir zurief: „Du wirst ein besonderes Kind bekommen." Im selben Moment wachte ich auf. Später habe ich noch oft an dieses eigenartige Schlaferlebnis denken müssen. Ja, ich glaube sogar, dass der liebe Gott zu mir gesprochen hat. Er hat **nicht** gesagt: „Du wirst ein behindertes Kind bekommen," nein, er sagte du wirst ein **besonderes** Kind bekommen und das tröstete mich und ich wollte alles für mein mir geschenktes, besonderes Kind tun. Ich glaube, Gott hat es mir anvertraut, weil er wusste, dass ich dieser Herausforderung gewachsen war. Ich lernte für unseren Sohn Anträge für Hilfen und Förderungen zu stellen. Viel an bürokratischen Hürden kamen im Laufe der Jahre auf mich zu. Da Manuel an frühkindlichem Autismus leidet, brauchte er auch autismusspezifische Therapie. Ich lernte aber auch viel über die vielen Facetten rund um den Autismus und es ließ mich bis heute nie wieder los. Ich gründete einen Autismusverband mit anderen betroffenen Eltern, um für unsere autistischen Kinder therapeutische Hilfe in unsere Region zu bringen. Dies ist mir damit auch gelungen, in dem 2008 mit dem Sozialkompetenztraining in unseren Vereinsräumen begonnen wurde. Ich bekam damals 2007 nach der Gründung des Vereins zwei Räume in der Volksschule in unserem Ort, die wir uns dann einrichteten, um Elterntreffen und Therapie anbieten zu können. Das war für mich eine große Bereicherung in jeder Hinsicht. Heute kann ich mit meinem Wissen vielen anderen betroffenen Eltern helfen und das ist für mich das Höchste.

Ich danke Gott täglich dafür, dass er mich auf diesen Weg geführt hat. Heute nachdem ich eine gewisse Selbsterkenntnis bekommen habe, weiß ich, dass mein Schicksal mit meinem autistischen Kind Bestimmung war. Nur weil ich mich meiner auferlegten Lebensaufgabe gestellt habe, habe ich hinter dem scheinbar Nebligen, den Reiz und den verhüllten Schatz entdeckt.

Die Entwicklung die ich gemacht habe, bedeutete auch, mich aus alten, eingefahrenen Gerüsten zu befreien, dabei mich selbst zu finden und „einfach sein." Das eigentliche Geschick liegt darin, aus den Erfahrungen den Impuls zu erringen, sein Dasein neu zu gestalten.

**Positives Denken.**

Wenn man sich als Leidtragender der eigenen Lebensumstände sieht, bringt einen das nicht weiter und auch nicht aus seiner Lage heraus.
Gott sei Dank kann man sein Gehirn schulen:
 Man kann sein Geistesgut aufbauend beeinflussen. Dadurch wirkt sich das positiv auf sein Gefühl aus.
 Affirmationen können dabei hilfreich sein. Das heißt seine Situation bejahen. Man sollte keine negativen Gedanken mehr zulassen, stattdessen positive, bejahende Sätze, zum Beispiel: „Du schaffst das" oder „Du bist gut, so wie du bist" so oft wie möglich wiederholen, um sie zu verinnerlichen und so das Unterbewusstsein erreichen.

Durch diese Methode, die sich lohnt anzuwenden, bin ich wieder ein gesunder, positiver und fröhlicher Mensch geworden.

## Keine Erwartungen an andere haben

Seit ich mich verändert habe, habe ich auch gelernt keine Erwartungen mehr an andere zu haben. Es ist ganz wichtig, sich unabhängig von seinen Mitmenschen zu machen. Das heißt, ich darf von Anderen nicht erwarten, dass sie immer für mich parat sind oder für mich Zeit haben. Ich habe früher zum Beispiel immer von meinem Mann erwartet, dass er öfters mal mit mir ausgeht oder in den Urlaub mit mir fährt und ich war dann jedes Mal todunglücklich, weil er nicht wollte. Ich musste lernen, diese Erwartungen zu begraben, denn er darf auch so sein wie er eben nun mal ist. Stattdessen lernte ich alleine diese Unternehmungen zu machen, was mir anfangs sehr schwer fiel. Aber ich habe gemerkt, dass ich das alleine auch kann und niemanden dazu brauche. Seitdem geht es mir richtig gut. Das ist ein gutes Gefühl der Unabhängigkeit. Heute mache ich meinem Mann keinen Vorwurf mehr deswegen.
Seit ich mich von solchen oder ähnlichen Erwartungen distanziert habe, bin ich auch nicht mehr enttäuscht worden. Ich akzeptiere einfach, dass mein Mann nicht mehr ausgehen will.

Auch das „Sich wünschen" sind Erwartungen, die häufig nicht in Erfüllung gehen.
Wenn ich ständig hoffe, dass der Andere meine Wünsche erfüllt, werde ich meistens enttäuscht. Umgekehrt ist es ja genauso. Ich muss auch die Freiheit haben, nein sagen zu können. Egal warum und weshalb! Ich will und kann auch nicht immer die

Wünsche des Anderen erfüllen. Das muss ich auch nicht. Ganz wichtig: Man darf auch mal nein sagen. Ich habe auch gelernt auf mich zu schauen. Das hat im Übrigen nichts mit Egoismus zu tun, sondern mit Selbstschutz. Ich bin ein eigenständiger Mensch und habe meine eigenen Vorstellungen von meinem Leben, sowie meine eigenen Vorlieben und Interessen. Dementsprechend richte ich mein Leben danach aus. Jeder Mensch hat das Recht dazu. Deshalb kann ich auch nicht erwarten, dass andere ihr Leben nach mir ausrichten und nach meinen Vorstellungen leben. Sie möchten ja auch ihr Leben leben wie es ihnen guttut. Das soll aber jetzt nicht so ankommen, dass ich nicht mal helfe, wenn jemand Hilfe benötigt und wenn ich helfen kann. Ich bin ja auch froh, wenn mir geholfen wird, wenn ich Hilfe brauche.
Ich helfe sogar gerne und es macht auch ein unheimlich gutes Gefühl. Das empfinde ich sogar als eine Art Christenpflicht und hat nichts mit Selbstschutz zu tun. Hierbei erwarte ich auch keine Gegenleistung, sonst würde ich mich auch gar nicht mehr gut fühlen.

Im Allgemeinen baue ich auf meine Stärke und auf mein Bauchgefühl und lasse Gedeihen, Segen, Freude und Innigkeit in mein Leben.

## Die Kunst zu entspannen

Zeit für eine wohlige Massage sollte man sich immer wieder mal gönnen. Es ist ganz wichtig, dass man seine Blockaden und Verspannungen löst. Dies kann auf ganz unterschiedliche Art und Weise geschehen. Ich zum Beispiel lasse mich entweder von meinem Mann massieren, das auch den Vorteil der gemütlichen Zweisamkeit hat und obendrein auch förderlich für die Ehe ist. Wenn die Hände des Partners einmal nicht zur Verfügung sind setze ich mich auf meine Massagematte, auf der ich meine Verspannungen auflöse. Beides hat dann den Effekt, dass ich total entspannt bin. Eine wunderbare Form der Entspannung, die nicht nur meinem Körper guttut, sondern auch meine unruhigen Gedanken beruhigen.
Mich massieren zu lassen sind Labsal für meinen Körper, meinen Geist und meiner Seele.
Ich glaube, dass jeder Mensch es mag – ja ich gehe sogar soweit, dass ich sage – dass jeder Mensch es braucht sich entspannt den Rücken massieren zu lassen. Körperliche Berührungen tun jedem Menschen gut und sind für uns lebensnotwendig, da sie direkt auf unsere Seele einwirken. Die Massage wird oft nur mit der Physiotherapie in Zusammenhang gebracht, doch dass Berührungen im Allgemeinen für den Menschen etwas Gutes ist und sehr entspannend wirkt, daran wird meistens gar nicht gedacht. Im täglichen Einerlei kommen diese Erfordernisse oft zu kurz und es geht dadurch viel an Lebensqualität verloren.

Ich jedenfalls freue mich schon jedesmal auf meine Massage. Wenn mein Mann mich massiert, macht er das mit einem Franzbranntwein mit Latschenkiefer oder einer Arnika-Salbe. Das wirkt richtig wohltuend für meinen Rücken. Da mein Mann ebenfalls mit Rückenschmerzen zu tun hat, mache ich dasselbe auch bei ihm. Das Ziel dieser Massagen ist immer, den Schmerzen auf den Leib zu rücken. Das heißt Verspannungen lösen und die Muskeln lockern, sowie die Durchblutung fördern. Warum so eine Massage noch gut tut? Es tut allgemein gut, weil alles miteinander verbunden ist und so ist es auch wohltuend für die Seele, die im Alltag oft vergessen wird, wenn wir uns gegenseitig etwas Gutes tun. Es tut gut, wenn der Partner sich um einen kümmert. Das wirkt sich positiv auf die Psyche aus. Dann können durch so eine Massage kleine Wunder geschehen.

## Aktivitäten die heute mein Leben bereichern

Mein Leben ist mit den Jahren bunter und schöner geworden. Eine kleine Liste von meinen Aktivitäten möchte ich Ihnen hier gerne vorstellen, denn sie machen mich glücklich und ausgeglichen.

Nachhaltige, gute Freundschaften

Walken im Wald

Freiräume schaffen

Freundinnen und Kolleginnen treffen

Reisen und Kurztrips

Bemerkenswerte Menschen kennenlernen

Seminare und Fortbildungen

Neue Rezepte ausprobieren

Bilder malen

Etwas Neues wagen

Sich mal was Gutes tun

Anderen helfen

Mit diesen Aktivitäten habe ich mein Leben neu gestaltet. Ich kann mir vorstellen, dass im Laufe meines Lebens sich diese Liste noch erweitern wird, denn ich bin immer offen für was Neues. Das macht mein Leben liebens- und lebenswert.

Natürlich gehören zum Leben auch alltägliche Arbeiten, zu denen man nicht immer Lust dazu hat und dennoch müssen sie auch verrichtet werden. Das tägliche Kochen, Wäsche waschen, das Putzen oder der Abwasch. Hierbei bekommt man dann schon ab und zu auch unschöne Gefühle und eine gewisse Unlust. Man macht diese Arbeiten dann halt eher freudlos. Doch gerade bei diesen lieblosen Tätigkeiten, wenn ich diese Unlust verspüre, mache ich mir selbst liebenswerte Momente und positive Gedanken. Ich stelle mir dann vor, wie schön es ist wenn ich fertig bin mit dem Putzen und alles wieder sauber ist und hole mich aber dann auch ganz schnell wieder zu meiner momentanen Arbeit zurück und erledige diese achtsam im Hier und Jetzt. Egal was es zu erledigen gibt, ich versuche auch diese Arbeiten mit Hingabe und Achtsamkeit zu erledigen. Wenn ich in meine alltäglichen Arbeiten auch Herzblut hineinlege, verwandelt sich die Unlust in Freude.

## Ein Leben voll Freude

Jemand hat einmal zu mir gesagt, dass die Menschen, die viel Leid ertragen mussten, am schönsten lachen. Diese Weisheit hörte ich zum ersten Mal. Warum ist das so? Ich glaube, dass Leid und Freude zusammengehören. Ich habe gelernt aus den schlimmen Zeiten das Gute daraus zu ziehen und ich konnte auch in meinen Krisenzeiten herzhaft lachen. Auch als es mir schlecht ging, ließ ich mich nie unterkriegen.
Ich habe einmal einen Spruch von Mark Twain gelesen der hierzu ganz gut passt:

*„Mit Kummer kann man allein fertig werden, aber um sich aus vollem Herzen freuen zu können, muss man die Freude teilen."*

Wenn es in unserem Leben mal ein Tief gab oder gibt, dann dürfen wir auch diese Lebenswoge erleben und erfahren. Es ist dann an uns, das Ganze anzunehmen. Es macht das Leben ja erst spannend und wir sollten dieses als Glück erkennen. Denn nach einem Tief kommt auch wieder ein Hoch.

Albert Schweizer hat mal gesagt:
*„Viele Menschen wissen, dass sie unglücklich sind. Aber noch mehr Menschen wissen nicht, dass sie glücklich sind."*

In diesen Worten liegt sehr viel Wahres, denn die Menschen sollten einfach nur wieder mehr wahrnehmen und dankbar ihr Leben leben, wenn sie glücklich sind. Ich habe zum Beispiel auch gelernt mein Leben mit all seinen bunten Facetten und seiner Vielfalt anzunehmen und dieses auch bewusst wahrzunehmen. Jeden Morgen ziehe ich meinen Rolladen hoch, um zu sehen, wie der vor mir liegende, neue Tag wohl wird. Egal wie es draußen gerade aussieht: Ob es regnet oder sonnig, neblig oder bedeckt ist, ich danke Gott dafür, dass er mir diesen neuen Tag schenkt. Ich bin dankbar für mein Leben und liebe es genau so wie es jetzt ist. So wird alles andere so nebensächlich. Was wirklich zählt im Leben und ich glaube hier gibt es keinen Unterschied unter den Menschen – ob sie jetzt arm oder reich, hellhäutig oder dunkelhäutig sind – Gefühle wie das Lachen und das Weinen, Traurigkeit und Freude, Liebe und Geborgenheit. Wenn ich dann in meinem Leben auch mal unglücklich, ärgerlich, traurig oder enttäuscht bin, so lasse ich auch diese Phasen zu und erlebe diese genauso bewusst ohne mich dagegen zu wehren. Umso schneller vergehen dann diese Gefühle wieder, die eben auch zum Leben dazugehören und es kehrt wieder Ruhe in die Seele ein. So komme ich wieder schneller ins Gleichgewicht. Vielleicht gehört auch ein wenig Mut dazu, sein Leben mit Freude zu leben und so anzunehmen wie es kommt. Es ist so spannend und mein Leben hält so viel für mich bereit, deshalb will ich mich mutig dafür öffnen. Ich will mich mit Freude den Herausforderungen, die auf mich zukommen stellen. Mutig will ich auch „Ja" sagen zu meinem Leben, denn nur die Mutigen haben letztendlich ihr Leben wirklich gelebt und ich kann am Ende auch viel davon erzählen.

Es gibt kein Patentrezept um sich glücklich zu fühlen. Was bei mir auch ganz gut wirkt, ist die Entscheidungsfreiheit. Ich kann selbst wählen worauf ich meinen Blick ausrichte. Ich entscheide, ob ich meine Energie hartnäckig in den Widerstreit stecke, das heißt, mich gegen etwas wehre, das ich nicht ändern kann, oder meinen Fokus auf die bunten Facetten meines Lebens richte. Natürlich geht es auch nicht immer nach meinen Vorstellungen und es ist auch nicht immer alles positiv. Das muss es auch gar nicht. Es ist eher so, dass ich das akzeptiere, was gerade ist. Auch negative Phasen, denn auch in diesen Phasen gibt es Zeiten in denen ich einen Grund finde um zu lächeln.

## Woraus ich Kraft schöpfe

Mit den Jahren bin ich immer gelassener geworden und habe mehr und mehr zu mir selber gefunden. Ich kann jetzt von mir sagen , dass ich zur Ruhe gekommen bin. Meine Kraft schöpfe ich täglich aus dem Gebet. Dadurch werde ich ruhig, achtsam und glücklich. Ich habe noch etwas ganz anderes gewonnen, nämlich eine gefühlte Leichtigkeit und eine neue Lebenslust und Lebensfreude. Dazu gehören:
Mein Garten mit meinem Apfelbäumchen, das in diesem Jahr voller Äpfel hängt,
ein neues Kuchenrezept ausprobieren,
im Wald auf meinem Lieblingsbänkchen den Vögeln lauschen,
an meinem Buch schreiben,
malen und meiner Kreativität freien Lauf lassen,
das Alleinsein und die Stille genießen,
in den Urlaub fahren,
mein selbstgezogenes Zitronenbäumchen wachsen und gedeihen sehen,
ein richtig gutes Buch lesen,
eine Radtour machen,
einfach mal ruhig sein und entspannen,
ein heißes Bad nehmen,
mich mit Freunden treffen,
meine täglichen Gebete, in denen ich Gott für mein Glück danke,
anderen Menschen helfen.
Ja, ich genieße mein Leben wieder. Genau das ist es nämlich, was Gott von uns will, dass wir unser Leben genießen. Aus meiner positiven Einstellung

und Veränderung gewinne ich ebenfalls Energie. Auch durch mein gewachsenes Selbstbewusstsein tanke ich immer wieder auf. Es ist ein unwahrscheinlich gutes Gefühl, wenn man bei sich selber angekommen ist und nicht mehr alles so wichtig nimmt. Wenn man weiß was man will und den geraden Weg geht. Es fühlt sich auch gut an, wenn andere genauso merken, dass ich mich positiv verändert habe und eine Art „ruhender Pol" für mein nächstes Umfeld geworden bin. Ich profitiere vor Allem gesundheitlich von dieser neugewonnenen Kraft. Denn wer mit positiven Gedanken durch das Leben geht, der ist gesünder als einer der die Welt sorgenbeladen und trübsinnig sieht. Kraft und Energie tanke ich unter anderem auch im Wald. Ich walke sooft mir es möglich ist in Richtung Wald und genieße bewusst die wunderbare Natur. Ein ganz besonderer alltäglicher Kraftort im Wald ist mein Lieblingsbänkchen. Dort raste ich immer für eine Viertelstunde. Es gibt nichts Wichtigeres und Schöneres für mich. Ich fahre einmal im Jahr in den Urlaub, um mir einfach Zeit für mich zu nehmen. Auch da tanke ich meine Kraftrecourcen auf. Meine berufliche Tätigkeit als Schulbegleitung war die Erfüllung. Es war mein Traumjob der mich glücklich gemacht hat. Das Schulkind, das ich zuletzt unterstützt habe, ist nun erfolgreich mit einem bestandenen „qualifizierten Abschluss" aus der Schule gekommen. Ich hoffe, dass ich bald wieder ein Kind in der Schule unterstützen kann. Doch darüber mache ich mir nun keine Sorgen mehr, denn es kommt das, was für mich bestimmt ist. Ich weiß was ich kann, ohne dabei überheblich zu sein und vertraue auf das, was für mich vorgesehen ist. Je reifer ich werde, desto genauer weiß ich, was ich wirklich will. Fazit: „Ich schlage gezielt gute Wege ein." Es ist noch etwas was mir viel Kraft gibt: Mein Mann unterstützt mich trotz seiner gesundheitlichen Beschwerden. Das Zusammenleben ist mittlerweile sehr viel entspannter geworden, weil wir uns unsere Freiräume lassen. Daraus kann jeder wieder neue Kraft tanken.

## Mit Freude älter werden

Eine Menge Hautpflegecremes in den Drogerien werden heutzutage angeboten, die ein ewig junges Aussehen versprechen. Können diese Cremes und Mittelchen wirklich helfen, wenn man sich ständig nur Sorgen um das Älterwerden macht? Hier entstehen doch erst die Sorgenfalten. Ich glaube, im Vorfeld muss die innere Einstellung dazu geändert werden. Diese innere Einstellung gehört nämlich genauso gepflegt wie die Haut. Ich stehe ganz und gar zu meinem Alter, auch wenn da viele Frauen ein Problem damit haben und sich jünger machen wollen als sie wirklich sind. Natürlich möchte ich mir selber auch gefallen und tue auch äußerlich was dafür. Der Geist ist mir aber dabei genauso wichtig. Vielleicht sogar noch wichtiger. Ich möchte auf gar keinen Fall mehr jünger sein. Auf meinem Weg des Älterwerdens habe ich mein persönliches Wachstum erfahren dürfen, das ich nur durch das Älterwerden erreichen konnte.
Ich habe mich zum Beispiel stetig fortgebildet im Bereich Autismus und Schulbegleitung und habe noch einige Ziele in meiner dritten Lebensphase. Ich möchte zum Beispiel noch viel und oft verreisen und mein neuestes Ziel und Herausforderung ist das Schreiben. Darum bin ich Mitglied geworden beim Autorenclub Donau-Ries, der mir letztendlich zu meinem ersten Buch „Erika" verhalf. So kann ich von mir sagen, dass ich mich rundum wohlfühle und der Zukunft ganz positiv entgegenblicke. Es ist ganz wichtig, dass man noch für etwas „brennt." Ich möchte zum Beispiel noch lange als

Schulbegleitung tätig bleiben und in meiner Freizeit meinen zahlreichen Hobbies frönen. Dies füllt mich aus und macht mich glücklich. Wenn ich diese nicht mehr hätte, dann würde das den absoluten Stillstand bedeuten. Nicht nur das. Auch für meinen Körper und meinen Geist würde das den erbarmungslosen Abbau bedeuten. Wenn nämlich mein Geist nichts mehr zu arbeiten hätte, ginge es stetig bergab mit ihm. Deshalb muss man zuerst ein Anti-Aging-Programm für den Geist zusammenstellen, bevor man seine Falten im Gesicht kaschiert. Die mentale Entfaltung hilft mir zu erkennen, dass es in meinem Leben nicht nur um gutes Aussehen und materiellen Erfolg geht, sondern vorrangig um mein Seelenheil, in dem ich mich in erster Linie geistig weiterentwickle. Dies wiederum kann ich immer noch am besten in der freien Natur, insbesondere im Wald. So kann ich das Älterwerden mit Freude annehmen, weil ich es einfach faszinierend finde, diesen Entwicklungsgang zu gestalten. Das Leben bedeutet für mich eine lebenslange persönliche Entwicklung meiner Kreativität, meiner tiefsten Bedürfnisse und meiner Ideen. Dadurch wird mein Dasein erst spannend in fortdauernder Jugend und **innerer** Schönheit. Gerade durch meinen Ideenreichtum, habe ich auch ein hohes Maß an Lebensenergie und das ist schon ein enormer Jungbrunnen für meinen Körper. Darum hole ich mir auch immer wieder Inspirationen und Anregungen von Außen, wenn mein Feuer für die Kreativität wieder mal entfacht ist.

 Auch in meiner beruflichen Tätigkeit als Schulbegleitung habe ich meine Berufung gefunden

und spüre darin eine absolute Leidenschaft, wie ich sie noch nie zuvor gekannt habe.
Diese Leidenschaft bedeutet für mich, dass ich jetzt endlich bei mir selbst angekommen bin. Ich glaube, dass ich erst 58 Jahre alt werden musste, um zu mir selbst zu finden. Eine Studie hat ergeben, dass Menschen die das Altern positiv sehen und annehmen auch länger leben. Jemand hat einmal gesagt: „Mit dem Alter ist es wie mit einem gereiften Wein, der mit dem Alter immer besser wird." Deshalb möchte ich gar nicht mehr jünger sein, weil ich endlich bei dem Prozess angelangt bin, in dem ich mein wahres Potenzial voll ausleben kann.

## Die Freiheit in der Natur spüren

Immer wieder treibt es mich raus in die Natur und raus in den Wald. Ich nehme mir meine Walking-Stöcke und losgeht's. Ich genieße es, wenn der Wind in meine Haare pustet und über meine Nase streicht. Ich halte dann gerne mal inne, dann spreche ich in Gedanken mit dem Wind: „Nimm alles mit, lieber Wind was mich betrübt. Meine Sorgen, meine Nöte und mach meinen Kopf frei." Ich hebe meinen Kopf zum Himmel und mein Gesicht entspannt sich immer mehr. Ich spüre dann jedesmal wie frei meine Seele dabei wird. Für mich ist das zur schönsten Sucht in meinem Leben geworden. Als ich gestern wieder mal unterwegs war auf meiner Walkingtour, bekam ich ein eher seltenes aber lustiges Naturschauspiel zu sehen, das mir der Wind präsentiert hat. Ich hatte das Gefühl, dass der Wind nur für mich tanzt. Nachdem ich vom Wald herauskam, sah ich direkt vor mir, wie der Wind kreiselförmig die Erde am Straßenrand hochwirbelte und dieser „Erdkreisel" immer weiter in die akkurat abgedeckten Kartoffelfelder tänzelte. Ich blieb staunend stehen und beobachtete noch wie der Kreisel immer weiter seine Runden drehte. Es war, als wollte der Wind zu mir sagen: „Schau mal, was ich alles kann. Ich dachte bei mir: „Mensch Erika, sowas hast du auch noch nicht gesehen." Schon setzte der Wind noch eins drauf, als wollte er mir zeigen, was er noch alles kann. Da wirbelte er auch schon ganz übermütig geworden, die Abdeckplanen, die etwa hundert Meter lang waren, senkrecht in die Luft. Die Planen verschlungen sich ineinander. Senkrecht stehend wirbelten sie im Kreis wie ein Tanzpaar. Das war so lustig zuzuschauen, dass ich dabei alles um mich herum vergaß. Ich konnte nur noch staunen, denn so eine Vorstellung bekam man nicht alle Tage präsentiert. Ja, so hat mir der Wind eine Art Privatvorstellung gegeben. So etwas erlebt man auch nur in der Natur. Einzigartig und wunderbar. Ich gehe raus so oft es mir möglich ist oder wieder mal etwas Belastendes auf der Seele liegt. Loslassen und Freiwerden ist so einfach. Man muss es nur wollen und tun. Ich beobachte dann fast ehrfürchtig und liebevoll Gottes Natur und widme mich nur dem Moment, ohne dass ich dabei einen Zweck verfolge. Ich gebe mich diesem Moment einfach hin, um meiner selbst willen. Sei es eine Pflanze, Blume, ein Marienkäfer, ein Vogel oder ein Eichhörnchen. Ein solcher Moment ist für mich im Hier und Jetzt zu sein. Das Wichtigste was es gibt für mich. Die wertvollste Perle für meine Seele. Ein Moment der Liebe, denn wer liebt ist ganz bei sich selbst. Hier spüre ich das Leben – die Freiheit. Was für ein Geschenk. Ich nehme die Farben der Natur wahr. Das kräftige Grün, das helle Grün, die Rot- und Brauntöne. Im Winter die weißen Wipfel der Bäume, den weißglitzernden Schnee. Oft schon habe ich selbstvergessen nur dem Zwitschern der Vögel gelauscht und sie am Himmel beobachtet, wie sie in Schwärmen davonflogen und manchmal flog dann auch mal einer in eine andere Richtung als die anderen. Warum er das wohl getan hat? - ging es mir durch den Kopf. Wer weiß! Vielleicht macht es ja auch mal Spaß aus der Reihe zu tanzen. Manch kleines Glück erlebt nur der, der gegen den Strom schwimmt. Dazu braucht es ein wenig Mut und Stärke. Aber es fühlt sich großartig an, frei, mutig und einzigartig zu sein. Ich wünschte mir, dass jeder Mensch diese Freiheit spüren kann.

„Wozu brauche ich Füße, wenn ich Flügel habe," hat Frida Kahlo – eine mexikanische Malerin - einmal gesagt. Dieser Satz könnte für uns alle gelten. Für Frida hatte er nach ihrem Unfall eine ganz besondere Bedeutung. Das Leben legt jedem von uns früher oder später mal Steine in den Weg, doch es liegt an uns, wie wir damit umgehen und was wir daraus machen. Der liebe Gott schenkt uns Flügel, um darüber hinweg zu fliegen, oder wir erkennen in diesen Steinen Edelsteine und lesen sie auf. Hindernisse können auch neue Chancen bedeuten. Man muss sie nur erkennen und wahrnehmen. Ich entdecke im Nachhinein immer eine neue Perspektive.

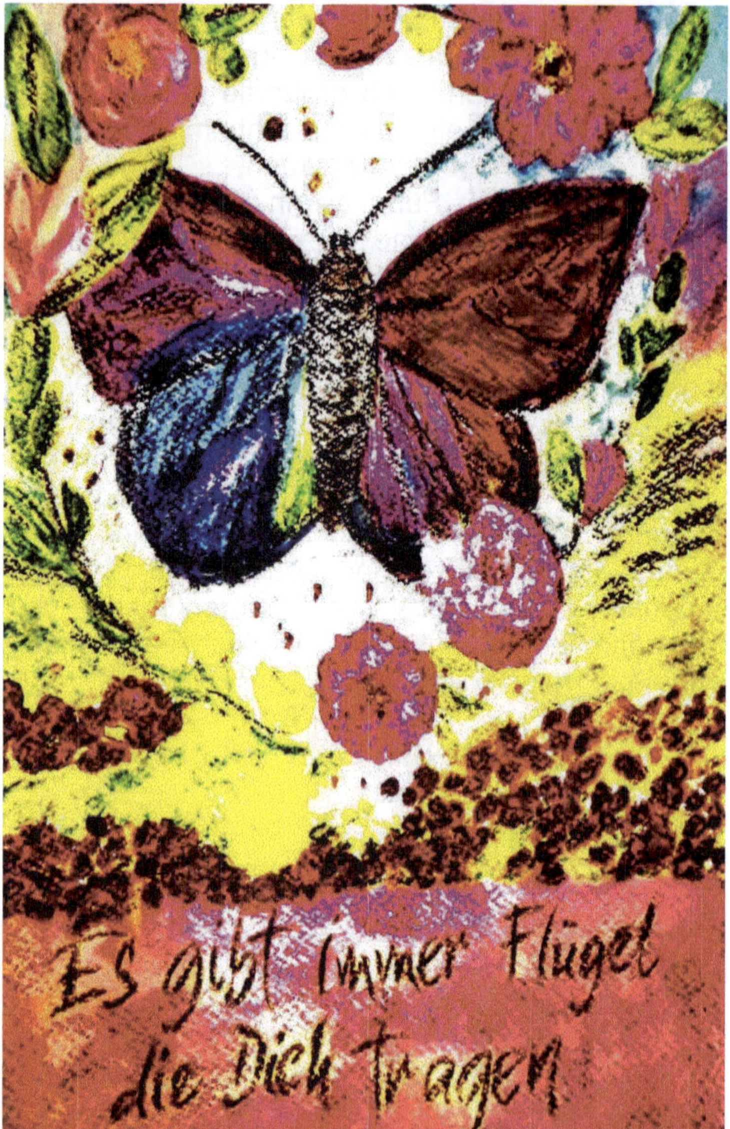
Es gibt immer Flügel
die Dich tragen

## Meine innere Freiheit erlangen

Was denkt man eigentlich bei dem Wort Freiheit? Wie definiert man Freiheit? Freisein verbinde ich mit Ungebundensein. Freiheit? Motorradfahrer erzählen oft davon, wenn sie mit ihrem Motorrad unterwegs sind, fühlen sie die absolute Freiheit. Andere verbinden Freiheit mit Abenteuer. Auf einem Pferd an einem langgestreckten Meeresstrand entlang reiten. Die Haare im Wind, bereit zum Aufbrechen eines neuen Horizontes. Altes zurücklassen und ein neues Abenteuer beginnen.
Frei von Lasten, Leistungen, Verantwortung und Bindung. Ich glaube, Freiheit ist für jeden individuell. Für mich zum Beispiel bedeutet Freiheit, dass ich ganz alleine entscheide, wohin ich meinen nächsten Urlaub mache, denn ich fahre ja allein in den Urlaub. Diese Entscheidungsfreiheit ist für mich sehr wichtig geworden. Dass mir beispielsweise keiner reinredet wie oder was ich zu tun oder zu lassen habe. Früher war ich manchmal schon unzufrieden mit meiner Situation und habe mich eher unfrei gefühlt, weil ich nicht hin konnte, wohin ich wollte. Ich war durch meine Familie, meinen behinderten Sohn gebunden und verpflichtet für meine Familie da zu sein. Sie brauchte mich ja so sehr. Seit unser behinderter Sohn im Heim ist, ist das anders geworden. Heute habe ich auch innere Blockaden überwunden und gehe mutig meinen Weg. Ich nehme mir meine Auszeiten, die ich immer wieder dringend brauche. Das ist meine Freiheit. Wenn ich niemandem für meine Entscheidungen Rechenschaft geben muss. Ich entscheide mich

jeden Tag neu für meine Freiheit oder gegen meine Freiheit. Diese Entscheidungsfreiheit ist es, die mein Leben ausmacht. Diese Freiheit nehme ich mir und diese Freiheit sollte auch jedem Menschen zustehen. Oft sind wir es selber, die uns begrenzen. Auch entscheiden wir selbst, was wir denken und fühlen. Unsere Gedanken sind frei und wir sind auch frei im Herzen. Diese Freiheit ist unser Lebensweg. Wenn wir zum Beispiel aus einem mitfühlenden Herzen heraus handeln und uns aus dem Egoismus befreien, kommen wir der Freiheit deutlich näher. Man darf keine Erwartungen haben und nicht immer gleich alles haben wollen. Das ist glaube ich das ganze Geheimnis zur Erlangung der inneren Freiheit. Dazu muss man sich selbst genau beobachten. Sich mit alten Denkmustern auseinandersetzen. Das heißt, das Wort „müssen" mit dem Wort „dürfen" ersetzen. Vielleicht mal nichts wollen und nichts erwarten. Das ist das große Lernfeld, um zur inneren Freiheit zu gelangen. Noch ein paar wichtige Faktoren um zu innerer Freiheit zu kommen: Meine Gefühle. Gefühle sind zwar wichtig, aber ich darf mich eben nicht mit ihnen identifizieren. Ich bin nicht mein Gefühl. Deswegen versuche ich immer, einen gewissen Abstand zu meinen Gefühlen zu bekommen. Das ist für mich eine Strategie, um mich bloß nicht von meinen Gefühlen beherrschen zu lassen. Noch gelingt mir das nicht immer. Ich glaube, das ist auch noch ein wichtiger Schritt, um eine noch größere, erweiterte innere Freiheit zu erreichen.
Ein weiteres Hindernis zur inneren Freiheit ist unsere Angst. Ich befreie mich mehr und mehr von

meinen Ängsten. Dazu braucht es einfach eine gewisse Portion Mut.

***Das Geheimnis der Freiheit ist der Mut.***
Perikles

Ich schaue mir dieses Gefühl „Angst" genau an. Ich war zwar schon immer ein wenig ängstlich, wusste aber, dass ich gegen meine Ängstlichkeit ankämpfen muss, wenn ich gewisse Ziele die ich nun mal habe, erreichen wollte. So bin ich doch auch immer ein wenig mutig meinen Weg gegangen und werde dies auch weiterhin tun.
Ich habe zum Beispiel einmal mit dem Auto einen kleinen Unfall gebaut. - Nichts dramatisches – und hatte nach diesem Unfall nicht mehr den Mut, mich wieder hinter das Steuer zu setzen - Ich muss dazu sagen, dass ich zu dem Zeitpunkt noch nicht so lange meinen Führerschein hatte. – Das ging bestimmt über zwei Jahre so. Mein Mann fuhr und ich saß daneben. Wir hatten beide dieselbe Arbeitsstelle. Ich getraute mich einfach nicht mehr zu fahren.
Wie ist es da mit der Freiheit? Das ist nichts anderes, als eine beträchtliche Abhängigkeit und nicht frei.
Irgendwann hatte ich einen Traum, dass ich wieder Auto fahre. Ich glaube es kam daher, weil ich es ja schon so lange wollte, mich nur nicht traute. In diesem Traum fühlte sich das so real an, als ob ich wirklich selbst wieder fahre. Ich wollte es nach diesem Traum wieder probieren. So nahm ich all meinen Mut zusammen und übte mich auf verkehrsarmen Straßen im Autofahren. Und so kam

es, dass ich darin mit der Zeit wieder geübter und angstfreier wurde. Darüber bin ich heute sehr froh und könnte es mir gar nicht mehr anders vorstellen. Hier zeigte es sich, wie wichtig es ist, auch mal mutig zu sein.
Woran ich immer noch an mir arbeite, ist meine Angst vor fremder Umgebung. Oder ist es Unsicherheit? Oder Ungeübtheit? Hier habe ich jedenfalls immer ein Problem mit der Orientierung. Dabei schaue ich mir doch total gerne schöne Städte und Landschaften an. Ich tue mich bis zum heutigen Tag schwer in einer fremden Stadt zurecht zu kommen und übe mich im Lesen von Stadtplänen. Mutig laufe ich im Urlaub mittlerweile auch mal allein verschiedene Wanderwege, um zu lernen, mich zu orientieren und dabei angstfreier zu werden. Wenn aber so etwas wie Angst oder Unsicherheit dabei aufkommen will, habe ich auch kein Problem mehr, Jemanden nach meinem Ziel zu fragen. Nur wenn man sich der Angst stellt, wird sie mit der Zeit weggehen. So lasse ich immer weniger die Angst über mein Leben bestimmen und erreiche auch in diesem Bereich mehr und mehr innere Freiheit.

## Von Herzen lachen

Ich entdecke an mir immer mehr eine bisher nicht gekannte Power und es macht mir unheimlich viel Spaß diese neue Seite, diese unangepasste Seite von mir auszuleben. Man gilt ja immer schnell als verrückt in unserer konventionellen Gesellschaft, wenn man sich nicht anpasst oder anders denkt.

Zum Beispiel, als ich zum ersten Mal allein in den Urlaub gefahren bin. Das war für viele Leute aus meinem direkten Umfeld sehr befremdend. Oder es macht mir auch unheimlich viel Spaß, mich ab und zu mal auch äußerlich zu verändern. Gerne lasse ich mir auch beim Friseur eine pepige, freche Kurzhaarfrisur mit einer knallroten Strähne verpassen. Immer wieder einen anderen Schnitt, denn ich will nicht immer gleich aussehen. Da kommt es schon mal vor, dass ich auch mal eine andere oder verschiedene Farben für meine Haare nehme. Früher, als junges Mädchen fehlte mir da das nötige Selbstbewusstsein dies zu tun. Viele Menschen trauen sich nicht, mal was anderes auszuprobieren, weil sie Angst haben vor der Reaktion ihrer Mitmenschen.

Ich jedoch habe ein starkes Bedürfnis nach Selbstentfaltung. Ich prüfe natürlich schon, was für mich passt, doch ich schere mich nicht mehr darum was andere über mich sagen. Das war früher nicht so. Doch es tut gut, mal gegen den Strom zu schwimmen. Ich bin ein durch und durch fröhlicher Mensch geworden, der gerne auch mal Spaß macht und von Herzen lachen kann. Man sagt ja immer: „Lachen ist gesund." Wenn ich lache und das geschieht täglich, dann ist es ein echtes, herzliches Lachen. Dazu brauche ich kein Lachyoga. Ich habe mir mal ein Video über das Lachyoga angeschaut, weil es mich interessiert hat, wie das funktioniert, aber das kam mir total bescheuert vor, weil da nichts Echtes dran war. In diesem Lachyoga lacht man nur gekünstelt. Das ist nichts für mich. Wenn ich lache, dann von ganzem Herzen. Dieses Lachen ist dann echt und dabei habe ich Spaß und Freude. Oft hat man zu mir schon gesagt: „Erika verliere nie dein Lachen." Oder: „Erika, wenn man mit dir zusammen ist, gibt es immer was zu lachen." Wie oft habe ich durch meine fröhliche Art schon manch traurigen Mitmenschen aufmuntern können.

Was ich im Lauf der Jahre gelernt habe ist, dass ich in meinen Alltag der Routine Lebensfreude und Abwechslung bringe. Humor ist eine gute Eigenschaft, um sein Leben besser zu meistern. Ich gehe meinen eigenen Weg und mache nicht mehr das was andere von mir erwarten oder vorgeben. Ich weiß wer ich bin und was ich kann und muss mein Können und Wissen nicht unter Beweis stellen. Unbeirrt erschließe ich mir neue Wege, an mir zu arbeiten, mich zu formen und zu verwirklichen. Dies kann man aber nur mit einem offenen Herzen, um zuzulassen, was herein will. Mit Skepsis und verschlossenem Herzen hat alles keinen Sinn. Man muss bereit sein sich zu verändern. Ein ganz interessanter Weg ist der, authentischer zu leben, herzlicher und echter zu lachen, in dem man auch mal über sich selber lacht. Ein indischer Arzt und Yogalehrer soll einmal gesagt haben:

*„Wir lachen nicht, weil wir glücklich sind – wir sind glücklich, weil wir lachen."*

## Gebetsmeditation

Früher, es war wohl im Jahr 2002, gründete ich einen Gebetskreis, den ich zu Hause bei mir abhielt. Erst hielten mein Mann und ich diesen mit einer Freundin zusammen ab. Sie hat mich auch auf die Idee mit dem Gebetskreis gebracht. Ich hatte keine Ahnung, wie so ein Gebetskreis überhaupt ablief. Ich verließ mich da voll auf meine Freundin. Sie kam dann fortan jeden Montag Abend kurz vor acht Uhr, nachdem ich Manuel ins Bett gebracht hatte und brachte ihre Gitarre mit. Ich zündete am Tisch eine Kerze an und wir sangen einleitend immer ein paar schöne Lobpreislieder, die meine Freundin mit ihrer Gitarre begleitete. Danach kam dann die Bibel zum Einsatz. Jede Woche wurde eine andere Bibelstelle verlesen und danach erörtert und ausgelegt. Meine Freundin übernahm dabei anfangs die Leitung, bis ich mich selber in der Lage sah, diese zu übernehmen. Es wurde hier auch für besondere Anliegen gebetet. Dabei beteten wir oft auch für Kranke. Wie oft haben wir dabei auch für Manuel gebetet. Anschließend wurde immer noch diskutiert und über verschiedene Probleme geredet. Im Lauf der Zeit kamen dann noch zwei uns bekannte Beter dazu. Dies war für uns eine sehr wertvolle Zeit, denn wir waren nicht mehr allein. Es war so ein schönes Gemeinschaftsgefühl. Wir konnten hier auch mal offen über unsere Sorgen und Nöte reden. Ein füreinander Dasein das uns damals einfach guttat. Mir lag jedenfalls sehr viel an diesem Gebetskreis. Mindestens drei Jahre trafen wir uns deshalb wöchentlich in unserem

Wohnzimmer. Wir fuhren auch mal zu Einkehrtagen oder Exerzitien. Wegen Manuel taten mein Mann und ich das abwechselnd. Eine tragende Zeit, die uns über sehr schwierige Jahre hinweghalf. Als dann meine Freundin wegzog, machten wir mit dem Gebetskreis noch eine Weile weiter, bis es dann aber wegen Manuel nicht mehr ging. Ab einem bestimmten Alter konnte ich ihn nicht mehr schon um acht ins Bett bringen. Irgendwann machte er mir das nicht mehr mit. So ging das dann auseinander. Ich betete fortan morgens allein im Wohnzimmer. Sobald Manuel weg war, auf dem Weg zur Schule, zündete ich mir eine Kerze an. Ich sang ebenfalls wie im Gebetskreis diverse Lobpreislieder und betete anschließend den Rosenkranz. Daraus wurde dann jedesmal eine richtige Gebetsmeditation. Nach dem Gebet, das ich täglich praktizierte und bis heute so geblieben ist, fühlte ich so eine wunderbare Leichtigkeit. Achtsam und entspannt begann ich so meinen Tag. Mein Mann machte dasselbe, aber eben zu einem anderen Zeitpunkt. Auch er betet bis heute.

Heute bete ich täglich nur noch eine Viertelstunde und das ist okay für mich. Ich glaube der liebe Gott freut sich auch über eine Viertelstunde, die ich mit ihm verbringe. Dies ist dann täglich die Zeit, die nur uns gehört und wenn es nur eine Viertelstunde ist. Mein Leben erfuhr dadurch eine wundersame Wandlung. Vor allem habe ich mich dadurch total verändert. Meine Seele erfuhr durch das tägliche Gebet eine Art Heilung. Zum damaligen Zeitpunkt musste ich sehr viel weinen.

Ich habe dadurch auch gelernt zu vergeben und zu verzeihen. Das ist sehr, sehr wichtig für einen selber. Wenn ich für Andere, die mir aus irgendwelchen Gründen nicht so gut gesonnen waren, gebetet habe, konnte ich vergeben. Hinterher verspürt man dann eine solche Unbeschwertheit und ein nie gekanntes Gefühl der Freude. Das ist dann diese wahre Veränderung, die das nächste Umfeld an einem wahrnimmt.

## Die kalte Jahreszeit

Wieder mal, viel zu schnell ist der Winter gekommen, die Zeit an der man sich gerne ins Warme rettet. Doch ich habe gemerkt, dass ich in den letzten Jahren an der kalten Jahreszeit mehr und mehr Gefallen gefunden habe. Für mich hat das immer einen gewissen Reiz, in der weißen Winterlandschaft zu walken. Die Sonne scheint und der Schnee glitzert fast geheimnisvoll. Ich sehe meinen Atem wie Rauch in der Kälte aus meinem Mund aufsteigen. Früher habe ich da gar nicht so gerne rauswollen. Heute sehe ich das ganz anders. Ich staune einfach über die Wunder der Natur und fotografiere diese gelegentlich auch gerne. Sooft meine Zeit es zulässt schnappe ich mir meine Walkingstöcke und laufe in Richtung Wald, um den Kopf frei zu kriegen. Und gerade in der Winterzeit – in der rauen Kälte – gelingt mir das am Besten. Auch gegen schlechte Laune ist ein Ausflug in den winterlichen Wald das beste Rezept. Frischer Pulverschnee auf meinem Weg, fühlt sich angenehm an unter meinen Füßen. Der Wald mit seinem weißen Winterkleid mutet fast ein wenig märchenhaft an. Diese atemberaubende Schönheit wahrnehmen zu dürfen, ist ein wunderbares Geschenk Gottes. Wenn ich dann nach meiner Tour etwas durchgefroren wieder nach Hause komme, fühle ich so eine angenehme Geborgenheit und Wärme. Ich bin dankbar, wenn ich dann meine kalten Hände am Ofen wärmen kann. Es sind so banale Dinge für die ich ganz besonders dankbar bin, denn diese Dinge sind nicht selbstverständlich.

Für ein warmes Haus zum Beispiel oder für ein warmes Bett in der kalten Jahreszeit. Wie vielen wirklich armen Menschen geht es da nicht so gut und müssen frieren, wenn man da zum Beispiel an die Obdachlosen denkt. Da ich eher ein Mensch bin der leicht friert, freue ich mich abends immer auf mein warmes Bett, weil ich mir im Winter stets eine Wärmeflasche einfülle, mit der ich dann immer ganz schnell einschlafen kann. Ich stehe dazu und gehe mit dieser Tatsache ganz offen um. Ich brauche meine Wärmeflasche einfach. Diese gibt mir auch so ein Gefühl von Geborgenheit, weil ich einfach viel, viel Wärme brauche. Diese Wärme empfinde ich am angenehmsten, wenn ich draußen in der kalten Winterluft war.
Von Blaise Pascal stammt der Spruch der hier gut passt:
*„ Die Kälte ist angenehm, wenn man sich wärmen kann."*

## Meine Suche nach Geborgenheit

Ich weiß nicht was andere Menschen unter Geborgenheit verstehen, denn jeder Mensch empfindet da was anderes. Oftmals empfinde ich eine Art Geborgenheit, wenn ich jetzt bei dieser kalten Jahreszeit in meinem warmen Wohnzimmer sitze und mit guten Freunden telefoniere, mein Glas Wein trinke oder eine Tasse Tee in der Hand genieße. Ich denke bei dem Wort Geborgenheit auch an Liebe. Ich habe mich schon immer nach Geborgenheit gesehnt. Mein ganzes Leben. Vielleicht tut das ja jeder Mensch auf eine gewisse Art und Weise. Natürlich können Schutz und Sicherheit sowie Hilfe und Rettung auch in Zusammenhang mit Geborgenheit gebracht werden. Ich suche bis zum heutigen Tag täglich nach Geborgenheit. Obwohl es mir nicht schlecht geht. Ich finde sie auch immer wieder entweder in meinem warmen Bett, oder in der warmen Stube. Wärme ist eben auch ein Stück Geborgenheit. Wenn ich mich sicher fühle, fühle ich mich geborgen.
Ich habe früher oft nach dieser Nestwärme gesucht, weil ich selbst unsicher war. Vielleicht habe ich deshalb auch schon sehr früh geheiratet (mit 18 Jahren). Als ich meine Ängste und Unsicherheiten irgendwann so nach und nach überwunden hatte, Selbstsicherheit gewann, fühlte ich auch eine Art Geborgensein. Geborgen in mir selbst. Das ist ein wunderschönes Gefühl. Dabei halfen mir auch einige wenige Freunde. Diese Freundschaften pflege ich bis heute ganz besonders, weil sie mir

wichtig sind. Ich treffe mich gerne mit Freunden und höre auch hin, wenn sie Probleme haben und versuche zu helfen, wenn es mir möglich ist. In einer wahren Freundschaft fühle ich mich gut aufgehoben und auch geborgen. Dankbarkeit und mein Glaube an Gott verhelfen mir ebenfalls dazu. Ich nehme dieses Gefühl wirklich dankbar wahr, weil ich ein sehr feinfühliger Mensch bin. Wenn ich bete und auf meinen Gott vertraue, fühle ich mich direkt getragen. Täglich erarbeite ich mir so das Gefühl geborgen zu sein, denn jeden Tag sehne ich mich auf`s Neue danach. Vertraute Rituale und Gewohnheiten helfen und unterstützen mich gleichermaßen, um Geborgenheit zu erschaffen.

In der Vergangenheit (vor cirka zwanzig Jahren) war ich total unsicher und ängstlich im Autofahren. Mittlerweile macht mir das Fahren überhaupt nichts mehr aus. Ich bin mit den Jahren immer selbstsicherer geworden. Ich stelle mir immer vor, dass mein Jesus neben mir auf dem Beifahrersitz mitfährt und so wurde ich immer sicherer und mutiger. Mit Jesus als Beifahrer kann mir nichts passieren. Mein Glaube, dass Jesus für mich da ist, löst Ruhe und Gelassenheit in mir aus und ich fühle mich dabei behütet. Mit mir selbst und in meinem Umfeld in Frieden und zufrieden zu sein ist mir sehr wichtig, denn genau dieser Frieden wandelt sich in Geborgenheit. Ich suche so jeden Tag neu diese Geborgenheit, weil ich sie jeden Tag brauche für mein inneres Gleichgewicht. Manchmal fällt es mir schwer diese Geborgenheit zu finden. Wenn ich Schmerzen habe zum Beispiel oder Probleme. Da

fühle ich eher eine Art Schwäche. Doch davon lasse ich mich trotzdem nicht unterkriegen, denn diese Phase geht auch wieder vorbei, denn wer betet steht unter einem gewissen Schutz.
Ein Satz über die Geborgenheit stammt vom Schriftsteller Gerd Peter Bischoff:

*„Geborgenheit ist für uns alle wie ein feiner Duft, kaum wahrnehmbar, aber für immer in Erinnerung."*

## Vom Loslassen und Verzeihen

Wenn meine Seele nicht ausgeglichen ist, muss ich mir Gedanken machen, was für Gefühle dafür verantwortlich sind. Wenn mir das wirklich bewusst ist, ist es für mich leichter, mich von diesem unnötigen Gepäck zu trennen. Ich versuche meinen Fokus ganz darauf zu richten, es zu begreifen, um es dann einfach abzuwerfen. So komme ich dann auch wieder zu meinem inneren Frieden und Ausgeglichenheit. Das hört sich alles recht einfach an, doch das ist oft ein jahrelanger Prozess mit dem loslassen und abwerfen.

Ich hatte einmal einen ziemlichen Disput mit einigen Leuten und dabei wurde mir übel mitgespielt. Ich möchte darauf nicht näher eingehen. Das war lange Zeit ein großes Problem für mich, von dem ich nicht loskam. Meine Gedanken kreisten immer wieder um dieses Thema. Mir ging es dann physisch und psychisch immer schlechter. Ich bekam körperliche Schmerzen an den Händen und Füßen, schlief immer schlechter und weinte sehr viel. Ich wusste gar nicht mehr was los war mit mir und begab mich schließlich in nervenärztliche Behandlung.
Hierzu muss ich aber auch noch erwähnen, dass da noch andere Faktoren, die ich ebenfalls nicht weiter erörtern möchte, eine Rolle spielten. Erst als ich anfing all diesen Ballast endlich loszulassen, wurde es etwas besser.
Ajahn Brahm schreibt in seinem Buch „Vögel fliegen ohne Koffer" von einer Wagenladung voller Mist. In dieser Metapher steht die Wagenladung voller Mist

für all diese Probleme und schlechten Erfahrungen, die das Leben über uns ausschüttet. Ich erzähle gerne diese Metapher, weil sie mich so sehr angesprochen hat und im endeffekt neben dem täglichen Gebet geholfen hat loszulassen. Ich wollte diesen „Mist" loswerden und nicht mehr länger mit mir herumtragen. Viel zu lange war ich schon in Depressionen versunken und ständig mit negativen Gedanken beschäftigt. Das ist natürlich eine ganz normale Reaktion, wenn man schon viel zu lange diesen „Mist" mit sich herumträgt. Ajahn Brahm hat mir in seinem Buch einen Weg gezeigt, wie man diesen „Mist" loswerden kann. Ich machte mich auf den Weg und fuhr sinnbildlich mit dem Schubkarren, ausgerüstet, mit Mistgabel und Spaten, Ladung für Ladung all diesen Mist hinters Haus und verbuddelte ihn im Garten. Das war eine Menge Arbeit, die sich aber lohnte. Mit der Zeit wurde die Ladung dadurch immer kleiner. Durch das Loswerden von immer mehr „Mist" oder Ballast, wurde ich immer ruhiger und konnte auch wieder besser schlafen.

Allein schon beim Lesen dieser wunderbaren Metapher von Ajahn Brahm wusste ich was ich zu tun hatte. Es gelang mir auch, mich von diesem „Mist" ganz zu befreien. So vergrub ich ihn lieber im Garten, wo sich die Blumen dadurch zu ihrer vollsten Pracht entfalteten und ihr Duft mein ganzes Umfeld erfüllte. Ich habe so meinen Garten angelegt und viel davon gelernt. Und was das Wichtigste war, ich konnte dann auch verzeihen. Als ich dann zufällig auf ein paar von diesen Leuten von damals traf, mit denen ich seinerzeit diesen unschönen

Streit hatte, konnte ich ohne Groll auf sie zugehen, sie ungehemmt grüßen und sogar mit ihnen reden.

Was ist also die Moral von dieser Geschichte? Wenn ich der Welt dienen, den Weg des Mitgefühls gehen will, dann sollte ich beim nächsten Drama in meinem Leben sagen: „Endlich wieder Dünger für meinen Garten!" Verzeihen führt zur Heilung.

## Meine persönliche Auszeit

Keine Zeit? Das kommt schon mal vor, dass ich nicht so viel Zeit für mich habe. Doch ich nehme mir trotzdem regelmäßig meine persönliche Auszeit. Mal mehr, mal weniger. Diese ist mir einfach wichtig, um meinen Alltag zu bewältigen. Da ich jetzt beruflich ganztags eingespannt bin, teile ich meine Auszeit auf das Wochenende ein. Nach getaner Hausarbeit walke ich dann, wenn das Wetter schön ist, in Richtung Wald. Bei Regenwetter bastle oder male ich, denn da kann ich ebenfalls ganz bei mir sein. Das ist dann jedesmal meine „Ich-Zeit." Ich nehme mir einfach Zeit, Sachen zu machen, die mein Herz erfreuen. Man meint nämlich irrtümlich oft, dass man eines Tages mehr Zeit zur Verfügung hat, als jetzt. Wann sollte dieses „eines Tages" denn eigentlich sein? Ich möchte meine ganz persönliche Kreativität, meine Hobbies, mit denen ich immer wieder von Neuem auflade, jetzt ausleben. Denn wenn ich an die Vergangenheit denke, muss ich zugeben, dass ich mir für all diese für mich erfüllenden und freudvollen Dinge nie Zeit genommen habe. Ich zögere heute nicht mehr länger und nehme mir ganz bewusst meine Zeit, die nur mir gehört. Ich fahre schon mal in den Bayerischen Wald zu einem Wellness-Wochenende oder für zehn Tage in den Urlaub. Das leiste ich mir, weil ich ja auch arbeiten gehe. Früher träumte ich davon immer, heute verwirkliche ich für mich diese Träume. Ich will diese Dinge jetzt tun und nicht mehr auf später verschieben, denn irgendwann kann es auch zu spät sein. Mein

Bruder zum Beispiel ist mit 52 Jahren gestorben. Ich erinnere mich an unzählige Erzählungen, wo Menschen einen heftigen Schicksalsschlag erlitten – direkt in meinem Umfeld – und anschließend im Rollstuhl sitzen oder urplötzlich mit der Diagnose Krebs konfrontiert wurden und bald darauf nicht mehr da waren. Ich selbst habe ja ebenfalls schon erfahren müssen, wie es ist, wenn man plötzlich die Diagnose von einem bösartigen Tumor bekommt, nach einer Schilddrüsenoperation. Da wird einem erst mal der Boden unter den Füßen weggezogen. Alles was erst so wichtig erschien, wird erstmal so klein. Man denkt nur noch, was kommt jetzt alles auf einen zu? Gott sei Dank ging alles noch mal ganz glimpflich ab. Ich werde dem lieben Gott dafür immer dankbar sein. Vielleicht braucht es oft erst so einen Schicksalsschlag, um aufzuwachen. Nein, ich verschiebe nichts mehr. Nicht das Wichtigste: Die Zeit für mich und zwar soviel, wie ich für mich brauche. Hierbei spare ich nämlich ganz bewusst nicht. Ich kann dabei oft auch ganz spontan sein. Es gibt die Zeit der Arbeit und Pflicht, die ich auch verrichte und es gibt die Zeit für mich, die ich brauche und auskoste. Wenn ich mit meinen Freundinnen ins Kino gehe oder zum Essen. Ich nehme mir die Zeit für Ruhe, wenn ich ein Buch lese, Zeit, mit guten Freunden zu telefonieren, Zeit für die Gesundheit, in dem ich mir ein Entspannungsbad gönne, Zeit für die Schönheit, zum Beispiel für ein Gesichtspeeling. Ich nehme mir Zeit, um ein neues Urlaubsziel zu suchen, was ich auch sehr gerne mache und auch genieße. Das alles fühlt sich so wunderbar an. Das ist so ein

Gefühl der Lebendigkeit und Lebensfreude. Das ist einfach die Zeit für meine Träume, Sehnsüchte und Wünsche.

Warum sollte die Zeit dafür nicht JETZT sein, um meinen Sehnsüchten zu folgen? Und wenn dieser Tag vorüber ist und der Morgen anbricht, gibt es wieder ein neues JETZT. Und wenn ich meine, JETZT ist nicht genug Zeit für mich, fließt dann dieses JETZT nicht von einem Tag in den nächsten? JETZT ist immer JETZT! Deswegen vergeude ich keine Zeit und nehme sie mir für die schönen Dinge im Leben.

## Nichts ist unmöglich

Als Kind hat man ja noch so Wünsche, die eher noch erfüllbar sind. Zum Beispiel seine Wünsche zu Weihnachten. Als kleines Mädchen wünschte ich mir mal eine Barbiepuppe. Ich kann mich noch gut erinnern, dass ich mir auch mal Schlittschuhe wünschte, die ich aber erst ein Jahr später bekommen habe. Diese materiellen Wünsche gingen, wenn auch nicht immer gleich, doch meist in Erfüllung. Als Erwachsener hat man auch noch so seine Wünsche oder besser Ziele, die man bestrebt ist, zu erreichen. Eines meiner Ziele, die ich anstrebe ist, mich mit 59 Jahren im pädagogischen Fachbereich noch fortzubilden. Gerne würde ich auch im neuen Jahr 2020 wieder als Schulbegleitung tätig sein. Ich wurde nämlich kurz vor den Weihnachtsferien noch verabschiedet, weil man entschieden hat, dass mein Schützling keine Schulbegleitung mehr nötig hat. Wer weiß, was für mich im neuen Jahr bestimmt ist. Ich wünsche mir, dass ich noch lange gesund bleibe und ein neues Schulkind in der Schule unterstützen kann. Vielleicht erfüllt sich mein Wunsch nicht auf Anhieb, aber ich bin fest überzeugt, dass zu gegebener Zeit wieder ein Schulkind für mich bestimmt ist. Ich jedenfalls habe mich überall, wo es möglich war beworben und so meine Fühler ausgestreckt. Ich habe also alles getan was notwendig war und das allein löste bei mir schon Hoffnung und Zuversicht aus. Allein durch das Wünschen und Hoffen nimmt mein Wunsch schon Formen an und wird zu einer Art Realität: „So könnte mein Leben sein, wenn ich mein neues Schulkind in der Schule betreue." Ich habe dann eben schon mein Ziel vor Augen und mein Leben bekommt einen neuen Sinn und einen neuen Antrieb. Hier kommt bei mir dann auch so eine Veränderung ins Spiel. Wenn ich mir wünsche, wieder einen Job als Schulbegleitung zu bekommen, bin ich auch bereit mich zu bewegen. Meine Gedanken fliegen und ich wachse über mich hinaus. Ich weiß, dass ich bald wieder als Schulbegleitung arbeiten werde, denn das ist für mich so eine Art Berufung geworden. Ich weiß noch, als ich mich zum ersten Mal als Schulbegleitung beworben habe und sich einfach nichts gerührt hat, habe ich diesen Wunsch einfach losgelassen. Als dann nach zwei Jahren im Jahr 2015 doch noch der ersehnte Anruf kam, überschlug ich mich fast vor lauter Freude. Jetzt war meine Zeit gekommen und ich habe Grenzen überwunden. Wie oft musste ich mir aus meinem näheren Umfeld anhören: „Als Ungelernte hast du in dem Job keine Chance. Ich habe mich dennoch in diesem Bereich immer wieder fortgebildet. Ich habe mal in einem Magazin gelesen, dass man erst Wünsche loslassen muss, damit sie gehen können – nämlich in Erfüllung. Heute nachdem ich schon vier Jahre als Schulbegleitung gearbeitet habe, sagt das keiner mehr. Ich glaube aber auch dass, wenn man für seinen Wunsch mit einer gewissen Beharrlichkeit und Gelassenheit dahintersteht, er zur Realität wird. Nicht jeder Wunsch erfüllt sich sofort, denn oft ist für manche Wünsche die Zeit noch nicht reif.

## Geheime Wünsche

Ich kann auch in meine Tagträume einen Teil meiner Wünsche unterbringen. Vielleicht einen Teil meiner geheimen Wünsche, auf die ich nicht näher eingehen möchte, weil es eben **geheime** Wünsche bleiben sollen. Diese Wünsche müssen sich nicht unbedingt erfüllen. Diese Wünsche verbinden sich in meinen Träumen zu einem Bild, das auf eine angenehme Weise in mir wirkt. Das lässt mich, ganz ohne Druck die Umsetzung zu erzwingen, träumen. Das tut mir direkt gut. Und wenn dann nur ein Teil von diesem Wunsch aus meiner Traumwelt doch noch in Erfüllung gehen sollte – umso besser. Denn nichts ist unmöglich.
Ein großer Wunsch ist für mich auch in Erfüllung gegangen, als mein erstes Buch fertig war. Ein eigenes Buch schreiben, war schon immer mein größter Traum, den ich mir dann verwirklicht habe. Ich habe aber nie daran gedacht, dass ich dieses auch mal veröffentlichen würde. Stolz und glücklich war ich dann, als ich mein erstes, fertiges Buch endlich in meinen Händen halten konnte.
Wenn wir nämlich einen langgehegten Wunsch beharrlich genug verfolgen und dranbleiben, gehen wir genau auf dem Weg, der uns zur Wunschverwirklichung verhilft. Es begegnen uns auf wunderbare Weise auch genau die Menschen, die diesen Wunsch mit uns teilen, wodurch sich überraschend auch wieder Türen öffnen und von allen Seiten Hilfe und Unterstützung kommt, genau da, wo wir sie gerade brauchen. Ich lege meinen Fokus auf meine Möglichkeiten um mich herum.

Es brauchte schon einige Zeit, bis ich dann die notwendige Unterstützung für die Fertigstellung meines Buches bekam. Ich habe durch die Zeitung vom Autorenclub gelesen und gleich Kontakt mit ihm aufgenommen. Ich dachte damals: „Das ist genau das, was ich jetzt brauche." Dieser Autorenclub hat mir letztendlich zu meinem ersten Buch verholfen. Durch das Wünschen ist man auf der Spur zu sich selbst und es bereichert unser Leben. Egal um welchen Herzenswunsch es sich handelt – wie bereits schon mal erwähnt – nichts ist unmöglich.

## Wozu Veränderung?

Da mir das Thema Veränderung ganz besonders am Herzen liegt, lege ich noch einmal nach, obwohl ich auf Seite 23 schon darüber geschrieben habe.

Nun bin ich mit meinen 59 Jahren an einen Punkt angekommen, wo ich mein Leben aus einem ganz anderen Blickwinkel betrachte. Ich denke heute ganz anders über mein Leben nach. Ein ganz besonderer Grund dafür ist, dass ich mein Dasein nochmal beginne, neu zu entdecken. Ich nehme alles sehr viel intensiver wahr und ich höre mehr und mehr in mich hinein. Ich bin zwar ein verlässlicher und gewissenhafter Mensch, der seine Arbeit zuverlässig und nach bestem Wissen und Gewissen verrichtet, doch es können mir Trotz allem schon auch mal Fehler passieren. Ich bin schließlich in erster Linie Mensch und kein Roboter. Da bin ich sehr viel gelassener geworden. Es liegt in meiner Natur, dass ich einmal Begonnenes auch stets zu Ende bringe. Egal was es ist. Dies mache ich nicht nur in meinem Beruf so, sondern auch zu Hause in Haushalt und Familie. Mein Mann unterstützt mich zwar in manchen Dingen, doch den Hausputz, Wäsche, das Kochen und Backen und auch die Aufgaben als Betreuerin für unseren behinderten Sohn erledige schon ich. Für mich steht aber nicht nur mehr das ständige „Haus in Ordnung halten" oder „die Wäsche" im Vordergrund, sondern auch die Ruhe. Ich entscheide mich ganz bewusst immer wieder neu für das von unserer so gestressten Gesellschaft verpönte Nichtstun.

Gerade in dieser Phase der Ruhe entspringen bei mir dann oft neue Ideen für mein Buch oder meiner Malerei und es kann wieder was neues daraus entstehen. Es geht aber zunächst nicht darum, dass ich gleich wieder zur Tat schreite, sondern in diesen Momenten lasse ich mich einfach nur treiben. Das tut mir schlichtweg gut. Einfach nur sein. Ich habe in meinem Alter einen ganz eigenen Lebensrhythmus gefunden.

Als wesentliche Beispiele wofür sich das Verändern lohnt, die für mich wichtig sind:
Zu sich selber finden und seinen Lebensrhythmus selbst aussuchen. Früher habe ich kaum auf mich geachtet und war in verschiedenen Jobs tätig. Nichts besonderes, denn dieses Leben werden viele Menschen so kennen. Ich war für unseren behinderten Sohn da, als er noch zu Hause lebte. Wenn ich auf Arbeit war, war mein Mann für ihn da. Nun ist Manuel schon lange aus dem Haus und ich habe einen neuen Rhythmus in mein Leben gebracht. Ich musste das tun, denn ich merkte bald, dass in meinem Leben eine trostlose Leere entstanden ist, die mir überhaupt nicht gut getan hat. Anfangs, als Manuel nicht mehr da war, bekam ich es mit einer Lebenskrise zu tun, die mit gesundheitlichen Problemen einherging. Diese Krise aber, gab letztendlich den Ausschlag dafür, dass ich mich verändern musste, meinen ureigenen Lebensrhythmus neu zu finden, um endlich seelische und körperliche Heilung zu erlangen. Hier habe ich zum ersten Mal erkannt, dass Körper und Geist eine Einheit sind.

Veränderung bedeutet auch Bewegung. Das heisst, ich muss selbst etwas tun, wenn ich mich verändern möchte. Ich muss mich in Bewegung setzen, um eine Veränderung zu erreichen. Im Übrigen ist Bewegung auch gut für den Körper und für den Geist. Wenn ich wieder mal „zu nahe am Wasser bin" und innerlich recht angespannt, nehme ich meine Walkingstöcke und gehe in Richtung Wald. Meistens wird es dann besser, weil ich mich im Wald so richtig entspanne und dabei den Kopf frei kriege. Natürlich mache ich das nicht nur wenn es mir schlecht geht, sondern auch, weil es mir Spaß macht.

Ein ganz anderer Veränderungsprozess begann, als ich unser Haus mal von oben bis unten ausmistete. Angefangen auf dem Dachboden. Über Jahre hat sich da schon einiges angesammelt und wurde nicht mehr gebraucht. Ich weiß heute nicht mehr, wie oft wir mit dem Auto, vollgeladen mit alten Sachen zum Sperrmüll fuhren, doch als wir endlich fertig waren, aufgeräumt und Platz geschaffen hatten, war das ein sehr befreiendes Gefühl. Diese Aktionen machen wir seitdem immer wieder, weil wir gemerkt haben, dass dies auch ein entlastendes Gefühl hervorruft. Denn nur durch Loslassen von Altem, schafft man wieder Platz für Neues. Ich habe im Laufe der Jahre gelernt, bei mir Veränderungen zuzulassen und hoffe für mich, dass ich damit noch lange nicht am Ende angelangt bin, sondern dass ich immer wieder neu inspiriert werde für Neues und für neue Veränderungen.

*Veränderungen begünstigen nur den, der darauf vorbereitet ist.* Louis Pasteur

Ich interpretiere daraus, dass ich mich von alten Verhaltensmustern und Gewohnheiten, sowie von vermeintlichen Sicherheiten trennen muss. Das heißt vorbereitet sein für etwas Neues. Hier liegt oft ein Problem darin. Es fällt nämlich Keinem leicht, sich von Vertrautem und Gewohntem loszueisen. Ich habe dazu sehr viel Kraft und Energie aufbringen müssen, um es zu lernen. Es ist oft ein jahrelanger Prozess, der sich aber letztendlich lohnt.
In meinem ersten Buch „Erika" habe ich meine Lebensgeschichte aufgeschrieben, hier wird diese neu geschrieben. In jedem Fall spannend.

## Leichtigkeit und Freude

So bewusst wie jetzt habe ich mich und mein Leben noch nie wahrgenommen. Ob das mit dem zunehmenden Alter zu tun hat?
Manchmal begleitet mich auch heute noch – obwohl Manuel schon über acht Jahre im Heim lebt – Sorge und Schwere, die ich aber mittlerweile gelernt habe loszulassen. Ich begegne dem Leben eher mit offenen Armen und gehe glücklich und beschwingt durch das Leben. Ich gebe mir selbst Raum für schöne Momente, Gespräche mit Freunden, widme mich schönen Dingen und ich habe im Laufe der Jahre dadurch eine positive Sichtweise bekommen. Erfüllt mit neuer Kraft und Energie genieße ich mit einer gewissen Leichtigkeit mein Leben wieder. Freude und Glück empfinden, das sind von Gott geschenkte Gaben, die man nicht einfach so kaufen kann. Die Arme ausbreiten und voll Vertrauen annehmen, was uns von Gott geschenkt wird. Sich voller Zuversicht in die Freuden des Lebens begeben.
Ich wollte auch mal endlich so sein dürfen wie ich eben nun mal bin. Das war für mich alles andere als leicht, doch weil ich das unbedingt wollte, setzte ich dies so nach und nach um. Das heißt, ich gehe ganz bewusst meinen eigenen Weg. Zumindest lernte ich meinen eigenen Weg zu gehen. Wie erwähnt, wollte ich erreichen, ich selbst zu sein, deshalb war es dann letztendlich auch möglich. Entsprechend habe ich auch den Entschluss gefasst abzunehmen, was ich dann auch geschafft habe. Ich habe es nach ungefähr einem halben Jahr

geschafft acht Kilo abzunehmen. Ich erntete daraufhin viel Anerkennung und schöne Komplimente von meinem nächsten Umfeld. Ich halte mein erreichtes Traumgewicht bis zum heutigen Tag und bin ganz stolz darauf. Mit Leichtigkeit und Freude gehe ich seitdem durchs Leben und habe ein ganz neues Selbstbewusstsein gewonnen. Ich kann endlich auch für mich entscheiden, wer und wie ich sein möchte und dies wurde immer wichtiger für mich. Ich habe mich zeitlebens angepasst und meinte, das wäre richtig für mich. Aber nun treffe ich meine eigenen Entscheidungen und diese sind richtig für mich. Ich akzeptiere mich mittlerweile und fühle mich sehr wohl so wie ich bin. Leider war das in meinem früheren Leben nicht der Fall. Stets eine große Unsicherheit begleitete mich damals, die mir mein Leben schwer machte. Heute gelingt mir alles besser, weil ich auch die Freude und Leichtigkeit ausstrahle, in dem ich total ehrlich und aufrichtig zu mir selbst bin. Mir wird einfach auch bewusst, was meiner Seele guttut. Ich glaube Leichtigkeit und Freude kann man nur empfinden, wenn man wirklich zu sich selbst steht und sich selbst lebt. Leichtigkeit – mir gefällt dieses Wort – heißt auch frei sein, sich frei zu fühlen und mutig seinen eigenen Weg mit Freude zu gehen. Ein total neues und herrliches Gefühl, endlich da angekommen zu sein, wo ich immer hin sollte: Nämlich zu mir selbst. Selbstbewusst, heil und ganz.

## Sich neu erfinden

Wenn man zu sich selbst findet, so wie ich es getan habe, löst dies oft auch eine Typveränderung in einem aus. Ich habe durch mein Selbstbewusstsein auch meinen ganz individuellen Look gefunden. Ich habe mich nicht nur in meinem Inneren verändert, sondern auch mein Äußeres. Nachdem ich abgenommen habe und stolz mein Idealgewicht erreicht habe, bekam ich Lust auf etwas ganz Neues. Während ich früher in Sachen Mode auf die Meinung meines Mannes gehört habe, suche ich mir heute meine Kleidung selbst aus. Dabei fühle ich mich sehr wohl und es macht mir überhaupt nichts mehr aus, wenn meinem Mann das eine oder andere Teil nicht so gefällt. Es kommen dann schon manchmal so Kommentare wie: „Das T-Shirt ist doch viel zu tief ausgeschnitten" oder „die Farbe ist doch nichts mehr für dich." Ich reagiere einfach mit einem lapidaren: „Mir muss es ja gefallen und nicht dir." Nein, ich lasse mich durch solche Bemerkungen nicht mehr verunsichern. Es ist ja tatsächlich so, dass es in erster Linie mir selbst gefallen muss was ich trage. Und ich fühle mich so richtig wohl in meinen ausgewaschenen Jeans mit silbernen Gürtel und rosafarbenen, taillierten Shirt, das vorne ein Stück in den Hosenbund gesteckt wird, sodass die Gürtelschnalle noch sichtbar ist. Früher trug ich dagegen eher gediegene, langweilige braune Hosen und lange über die Hosen gehende Shirts. Der Gang zum Friseur war eine weitere äußere Veränderung. Es machte mir unheimlich viel Spaß, mich selbst zu verändern –

mich neu zu erfinden. Während ich früher eher einen braven Bobhaarschnitt trug, ließ ich mir einen richtig tollen Kurzhaarschnitt verpassen, mit roten Strähnen. Es entlockte mir selbst ein „Wow," als ich mich zum Schluss im Spiegel betrachtete. Ich fühlte mich wie „runderneuert" mit meinem neuen Look. Neue Klamotten und eine neue Frisur. Schritte zur Veränderung, die ich alleine gehe und für mich alleine entscheide. Auch für die Zukunft, denn ich glaube, dass ich mich immer wieder mal neu erfinden werde. Es wäre ja auch zu langweilig immer gleich durchs Leben zu laufen. Eine Typveränderung macht mich aber nicht zwangsläufig zu einem anderen Menschen. Ich werde trotzdem für meine Lieben und für meine Freunde mit meinen Gewohnheiten, meiner eigenen Art und meinen Macken, die ich nun mal habe, immer dieselbe bleiben.

Eines hat das Ganze schon auch noch für sich: Ich traue mir selbst sehr viel mehr zu und ich lasse mich nicht mehr so schnell entmutigen, wenn auch mal eine Kritik fällt. Sei sie von meinem Mann oder aus meinem nächsten Umfeld. Ich bekam aber letztendlich doch mehr positive Feedbacks und schöne Komplimente, die mich sehr freuen. Ich habe dadurch auch gelernt mich selbst zu lieben und zwar so wie ich eben nun mal bin. Eine selbstbewusste, glückliche Frau.

## Das Alleinsein als Genuss erfahren

Was ist der Unterschied zwischen Einsamkeit und Alleinsein? Ich denke, dass Einsamkeit ein Gefühl ist, sich anders zu fühlen als die Anderen. Ich kann in einer Gruppe von Leuten sein - die aber nichts gemeinsam mit mir haben – hier kann ich mich dann trotz Gesellschaft auch einsam fühlen.
Alleinsein bedeutet für mich Kraft tanken. Denn Menschen können oft „Energieabsauger" sein. Deswegen genieße ich immer mehr die Phasen der Ruhe, um wieder neue Kräfte zu sammeln.
Einen Unterschied zwischen Einsamkeit und Alleinsein gibt es schon: Wenn es nämlich soweit kommt, dass man in der Einsamkeit versinkt und sich von Menschen isoliert und ausgrenzt, hat das nichts mehr mit dem bewussten Alleinsein zu tun, das man positiv genießt, sondern mit Einsamkeit, die dem Menschen nicht mehr guttut. Hier wird es Zeit sich Anschluss zu suchen. Für manche Menschen wird das leider eher ein Dauerzustand, der krank macht. Das stelle ich mir ganz, ganz schrecklich vor. Doch es gibt auch ein Alleinsein, das man sich bewusst selbst wählt und das man als Genuss empfindet. Wenn ich zum Beispiel ganz allein im Wald unterwegs bin – dort halte ich mich sehr oft und am Liebsten auf – erlebe ich soviel verschiedene Eindrücke, die ich nur im Wald erfahre. Die Waldlichtung bei Sonne zum Beispiel: Hier zeigt der Wald verschiedene Stimmungen des Lichts. Ich nehme auch gerne den Duft von Rinden, Blättern, Moose und Flechten wahr und sauge diesen in mir auf. Ein einfacher Waldspaziergang

kann sich, wenn man ihn alleine macht, stresslösend und entspannend auswirken. Ich fühle mich mit dem Wald sehr verbunden. Das hat glaube ich auch mit meiner Kindheit zu tun. Da waren wir mit unserer Mutter viel unterwegs wenn es „Schwarzbeerzeit" war. Es kommt bei mir in dieser beschützenden Atmosphäre das Gefühl von Freiheit auf und hier kann ich ungestört meine Seele baumeln lassen. Der Wald ist für mich ein besonders heilsamer Wohlfühlort, wenn ich die Einsamkeit suche, um diese bewusst zu genießen. Ich verweile dort meist im Sommer für längere Zeit auf einem gemütlichen Ruhebänkchen und lausche den Vögeln und dem Knarzen der Bäume, wenn der Wind sie hin und her wiegt. Wenn ich dann wieder nach Hause komme, fühle ich mich wieder ausgeglichen und irgendwie befreit. Einen regelmäßigen Waldspaziergang baue ich deswegen schon längst in meinen Alltag mit ein, denn dieser sorgt für eine gesunde Psyche, Wohlbefinden und ein intaktes Immunsystem. Der Wald ist für mich zum Lieblingsthema beim Schreiben geworden, weil er zum Größtenteil für meine körperliche und seelische Heilung beigetragen hat.

## Die Sonne spüren

Die Sonne ist das Beste gegen die gerade jetzt im Frühling aufkommende Frühjahrsmüdigkeit. Die Wintermonate waren wohl auch recht schön und gemütlich und da kann es leicht passieren, dass man noch nicht so recht aus dieser gemütlichen Trägheit herauskommt. Da muss man erst mal seinen „inneren Schweinehund" überwinden, um von seiner Couch aufzustehen. Wenn die ersten Sonnenstrahlen zum Fenster hereindringen, hält mich aber meist nichts mehr im Haus. Die Sonne motiviert mich raus zu gehen, um einen Rhythmuswechsel anzugehen und draußen im Garten loszulegen, um Altes, Verdorrtes zu beseitigen und die Erde aufzulockern. Es gibt jede Menge zu tun. Hierbei bin ich stark motiviert, weil ich Gartenarbeit gerne mag. Wenn ich dabei auch noch die Sonne spüren kann, ist das für mich eine zusätzliche Essens. Sie strahlt mir auf den Kopf, den Rücken und auf meine Beine. Ich spüre und genieße die Wärme, wie sie weiter in meinen Körper dringt und lasse mich ganz und gar von der Sonne aufladen. So erwachen in mir nach und nach meine Lebensgeister und mein Antrieb und die Begeisterung für neue Aktivitäten. Ich habe heute zum Beispiel einen Hobbyraum zum Malen neu eingerichtet. Hier werde ich zukünftig meinem liebsten Hobby nachgehen – dem Malen. Im Moment bin ich viel am Ausprobieren von neuen Maltechniken und das macht mir total viel Spaß. Es ist so faszinierend zu sehen, wenn die Farben auf der weißen Leinwand ineinanderlaufen, Figuren

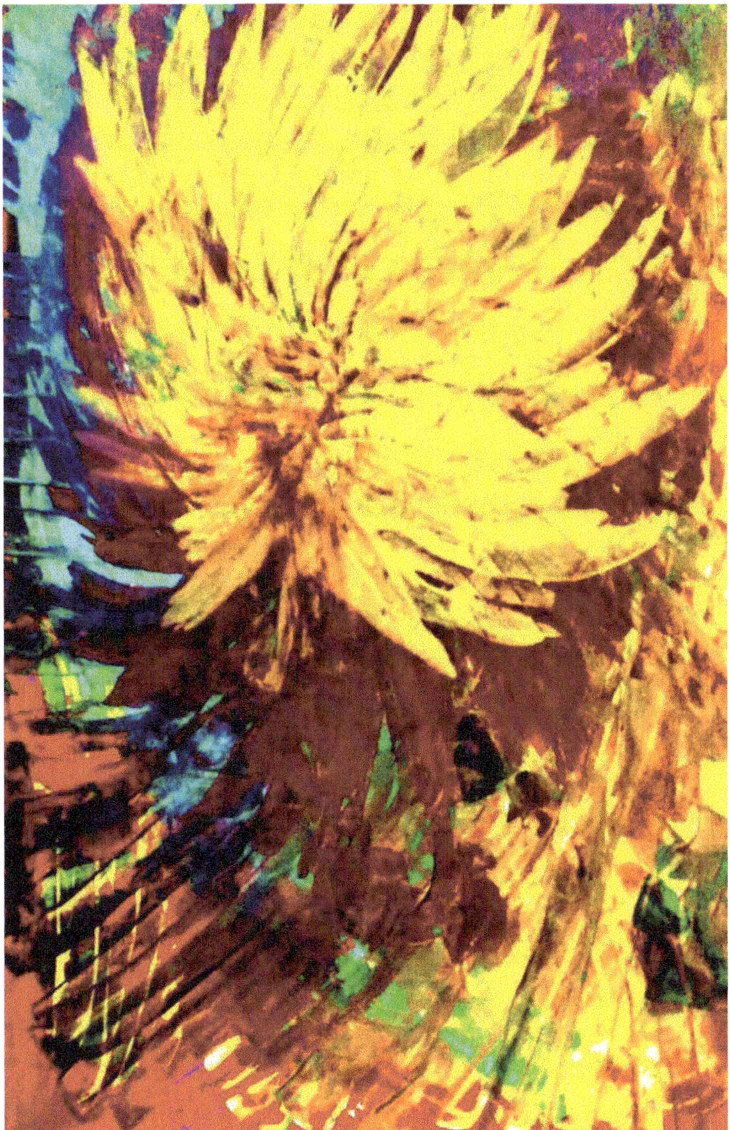

entstehen oder schöne Muster. Ich experimentiere mit Sand und Kieselsteinchen, sowie mit Muscheln und Zeitungsschnipsel. Es macht mir unheimlich viel Freude hier zu malen, wenn dann noch die Sonne auf meine Werke scheint, macht das meine Kunstwerke noch schöner. Ich freue mich sehr auf den Frühling, denn dann werden die Tage wieder länger und ich habe auch wieder mehr Sonnenstunden zum Genießen. Zudem versorgt die Sonne mich mit dem lebenswichtigen Vitamin D, da ich davon immer einen Mangel habe. Das Sonnenlicht erfüllt mich mit Wärme und trägt zu positiven Gedanken bei. Gerne halte ich mein Gesicht mit geschlossenen Augen der Sonne entgegen und spüre, wie meine Gedanken angenehm spazieren gehen. Hier kann ich wie eine Batterie durch die Sonnenenergie endlich wieder aufladen.

## Malen für das seelische Gleichgewicht

Ich habe im Jahr 2014 angefangen zu malen. Es fing eigentlich mit einem „Kreativ-Tagebuch" an. Ein gebundenes Buch mit leeren Seiten und zeilenlos. In dieses Buch schrieb ich meine Inspirationen und philosophische Sprüche und daneben malte ich dann immer ein dazu passendes Bild. Ich führte also sozusagen eine Art „Seelentagebuch," weil es mir einfach gut tat und Spaß machte, die Texte immer wieder mit einer anderen Schrift auch die Buchstaben zu malen. Mit Hingabe und Konzentration verzierte ich die einzelnen Seiten mit Blumenranken, Herzchen und anderen Mustern und Schnörkeln. Ich schrieb so mittlerweile schon drei solcher Bücher voll und diese veränderten sich immer wieder von Zeit zu Zeit. Ich vergaß dabei auch nie das Datum zum Eintrag dazu zu schreiben. Das Malen hat sich dadurch bei mir so sehr entwickelt, dass ich mir einen großen Malblock und Aquarellfarben und Malkreiden angeschafft habe. Ich male fortan alles was mir unter die Augen kommt. Somit sind mittlerweile über hundert Bilder entstanden. Am Liebsten male ich Landschaften. Ich merkte mit der Zeit, dass meine Bilder immer besser wurden. Stolz zeigte ich anfangs meine Bilder auch meinem Verwandten- und Bekanntenkreis. Ich experimentierte mit den Jahren mehr und mehr und probierte auch andere Kunststilarten und auch Maltechniken aus. Meine selbstgemalten Bilder hängen mittlerweile überall gerahmt in unserem Haus. Das Malen hat mir geholfen, in meiner schweren Depression und

meiner Krebsgeschichte, wieder ins seelische Gleichgewicht zu kommen.
Es kommt nicht darauf an, welche Technik man beim Malen anwendet, oder wie perfekt ein Bild gemalt ist. Nein, mir gefallen hauptsächlich die nicht perfekten, die spontanen Bilder die ich male, oder einfach nur das „Spiel mit den Farben," wie ich es immer nenne, wenn ich mit ein paar Klecksen mit verschiedenen Farben auf der Leinwand beginne und spontan darauf losmale, noch nicht weiß, was dabei entsteht. Ich betrachte dann das Ganze und überlege, was das Bild jetzt möchte. Mal ganz bunte Bäume und Häuser, oder ein Blumenmeer, so wie früher als Kind. Voller Hingabe und ohne Angst vor Fehlern. Denn wie gesagt, mir gefällt das „Nichtperfekte." Hier kann man nichts falsch machen. Nicht groß darüber nachdenken und einfach seiner Intuition folgen. Die spontanen Bilder werden bei mir immer die Besten, denn die kommen nämlich von innen heraus. Ich bin mittlerweile richtig süchtig auf das Malen, doch das ist eine positive Sucht. Ich komme dadurch auch immer wieder auf neue Ideen und ich bin dabei stets ganz bei mir. Das ist das Wichtigste, ganz bei mir zu sein. Das geschieht nicht nur beim Malen, sondern auch beim Betrachten des Bildes. Besonders meine Fantasie wird dadurch beflügelt. Es gibt beim Malen keine Regeln, das Schöne daran ist, dass ich mich voll auf meine spontane Eingebung verlassen darf. Ich male auch gerne mit Aquarellmalkreiden oder mit Acrylfarben. Meine aktuellen Kunstwerke sind die Pouringbilder. Eine besondere Fließtechnik mit verschiedenen Acrylfarben in die man ein

bestimmtes Pouringmittel gibt. Die Farben dann alle zusammen in einen Behälter leert und anschließend auf die Leinwand gießt. Es entstehen immer wieder andere Farbenwunder. Unglaublich schön fließen die Farben ineinander und füllen die Leinwand. Hier kann ich so richtig experimentieren. Das begeistert mich immer wieder aufs Neue. Hier gehe ich total auf und mache meine eigene kleine Maltherapie.
Man braucht dazu nur ein paar Farben, eine Leinwand oder Malblock, ein paar Becher oder Dosen zum Mischen der Farben, Pinsel und eine alte Folie zum Abdecken und los geht`s. „Das Malen für die Seele. Wie gesagt, nichts muss perfekt sein und es gibt kein richtig oder falsch. Einfach seiner Intuition folgen und mit Freude loslegen. Ich stelle für mich fest: „Mein Leben ist durch das Malen einfach bunter und schöner geworden."

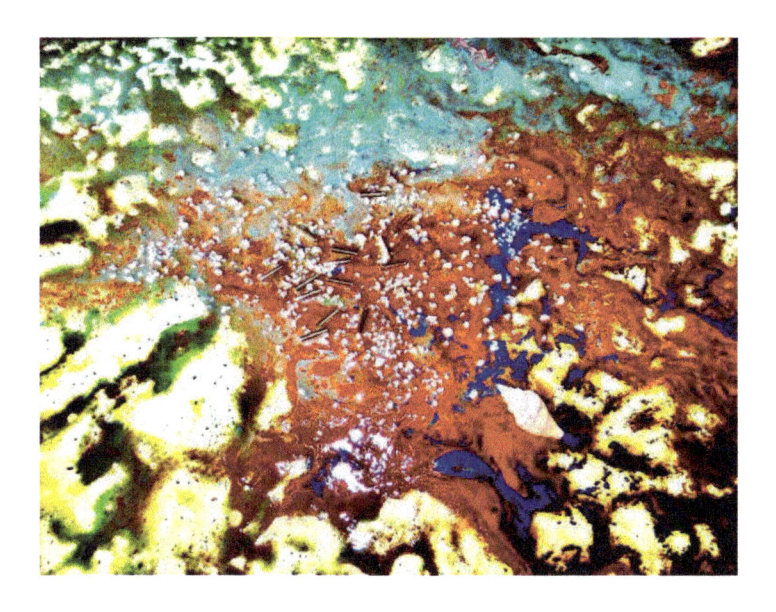

## Mit dem Leiden wachsen und reifen

Es wäre doch zu schön, wenn man immer fröhlich und glücklich sein könnte. Doch zum Leben gehört nun mal auch das Leiden. Und dies ist nicht mal so eine Katastrophe wie wir es immer sehen.
Es gibt im Leben auch Krisen die sehr schmerzhaft sind, aber - wie ich heute weiß und erfahren durfte, durch meine eigene Lebenskrise – man geht gereift und gewachsen daran, aus dieser dunklen Zeit hervor. Ich habe alles getan, um aus meiner Krise gestärkt herauszugehen. Es hat mir geholfen, dass ich mich diesen unguten und schmerzlichen Gefühlen, die ich zuweilen hatte einfach geöffnet und gestellt habe. Meine Krise habe ich in meinem Leben in seiner totalen Tiefe kennengelernt. Dabei habe ich auch gelernt, für mich liebevoll zu sorgen und mich dadurch positiv verändert und entwickelt. Alles was geschehen ist, war teil meines Wachstums. Mir sind neue Wege eröffnet worden, die ich ohne diese Krise niemals eingeschlagen hätte. Ich glaube, dass das Leben ein Prozess ist. Wenn ich mir meine Vergangenheit so herhole, all die Jahre die ich schon hinter mir habe, war diese immer wieder von Problemen und Unsicherheiten gepflastert. Ich hatte zum Beispiel ein nicht sehr ausgeprägtes Selbstwertgefühl oder Selbstbewusstsein, denn ich habe in meinem Leben immer wieder einen Dämpfer bekommen.
Mit achtzehn Jahren habe ich geheiratet und nach zehn Jahren Ehe bekam ich dann unseren Sohn Manuel. Mein Glück schien perfekt. Ich war nur noch für meine kleine Familie da. Ich habe mir ja

genau das immer gewünscht. Doch das was auf mich noch zukommen sollte, war für mich und meinen Mann sehr dramatisch und alles andere als das was ich mir mal erträumt habe. Die ersten drei Monate mit Manuel waren für uns sehr anstrengend, denn er schrie sehr viel. Meine Nerven lagen oft blank.

Nach einem Spaziergang mit Manuel hob ich ihn aus dem Kinderwagen und legte ihn vorsichtig auf den Wickeltisch, um ihn zu wickeln. Auf einmal erbrach er etwas Milch, als ich ihn daraufhin zur Seite drehte, merkte ich plötzlich, dass er sich nicht mehr rührte und nicht mehr reagierte. Ich bekam damals große Angst: „Manuel, - oh mein Gott – was ist los?" schrie ich in totaler Panik. Ich hob ihn hoch und er rührte sich immer noch nicht. „Oh nein, Manuel!" schrie ich wieder. Verzweifelt, - ich war ganz alleine – ich schüttelte ihn leicht und – da endlich, ich weiß heute nicht mehr, wie lange es gedauert hat – er war wieder da und schrie! „Oh mein Gott – Gott sei Dank." Ich war fix und fertig, denn ich glaubte für eine kurze Zeit, ich hätte ein totes Kind in meinen Händen. Der Schreck saß mir so sehr in den Gliedern, dass ich am ganzen Leib zitterte und ich ließ meinen Tränen freien Lauf. Ich berichtete meinem Mann von diesem Vorfall und wir gingen daraufhin mit Manuel zur Kinderärztin, die uns ins Kinderzentrum nach Augsburg überwies zum Gehirnströme messen. Ja, es war nicht leicht. Es kam zwar nichts auffälliges dabei heraus, doch ich bekam dieses schlimme Erlebnis lange Zeit nicht mehr aus dem Kopf.

Dann kam die Zeit, als man merkte, dass Manuel sich nicht altersgerecht entwickelte. Verhaltensauffälligkeiten bei Manuel folgten in den nächsten Jahren. Dies machte uns allen sehr zu schaffen. Was war mit unserem Kind nur los? Drei Tage Aufenthalt im Kinderzentrum in Großhadern ergaben, dass Manuel geistig behindert war. Das war für uns ein ziemlicher Schock. Wir wagten es nicht, diese Diagnose irgend jemand zu erzählen. Als die Mutter meines Mannes fragte was die Ärzte sagten, gaben wir vorsichtig an: „Manuel sei entwicklungsverzögert." Das hörte sich etwas milder an, als geistig behindert. Und es sollte niemals aufhören. Die Probleme und Sorgen zogen sich mit den Jahren immer weiter fort. Wir taten alles was es nur zu tun gab, was wir tun mussten, um Manuel zu helfen. Nichts aber auch gar nichts war so wie es eigentlich hätte sein sollen. Wir konnten mit Manuel nirgends hingehen ohne gleich aufzufallen. Mein Weltbild war erschüttert. Denn eigentlich lebte ich ursprünglich in der angenehmen Annahme, dass meine kleine Familie mich glücklich machen könnte. Besonders schmerzhaft war dann die Realität. Weihnachten sollte eigentlich ein Fest der Familie sein. Doch Manuel machte uns hier jedesmal regelrecht „die Hölle heiß." Er wollte keine Weihnachtslieder und schrie, wenn „Stille Nacht" im Fernseher zu hören war. Von seinen Geschenken wollte er ebenfalls nichts wissen. Einzig und allein den Christbaum akzeptierte er. Wie gesagt, nichts war so, wie ich es mir mal erträumt habe und wie ich es aus meiner eigenen Kindheit kannte. Irgendwann – so machte ich mir immer wieder Mut

– wird es besser werden. Wenn ich dann wieder mal fertig mit der Welt war, fragte ich: „Warum gerade ich?" Dabei sind negative Schicksale gar nicht so selten. Im Gegenteil, sie unterstützen unsere Entwicklung. Ja, Lebenskrisen erschüttern, verunsichern und machen uns Angst. Aber man darf nicht vergessen, sie haben auch mit unserem Wachstum zu tun. Ich sehe diese schlimmen Ereignisse heute sehr viel klarer und positiver. Nicht dass ich dies jetzt verharmlosen möchte, oh nein, ich hätte mir natürlich auch lieber ein gesundes Kind gewünscht. Keine Frage, wer tut das nicht? Aber ich hadere schon lange nicht mehr mit meinem Schicksal, sondern ich habe es angenommen und helfe dagegen vielen anderen betroffenen jungen Eltern in einer ähnlichen Situation. Das meine ich mit Wachstum. Nämlich was man aus seiner Situation letztendlich macht. Man spürt zwar manchmal den Gegenwind, das Leben tut zuweilen auch weh, weil es anders gekommen ist, wie ursprünglich gedacht oder geplant. Es macht auch fassungslos, aber wenn man genauer hinschaut macht es uns auch Geschenke wie Stärke und Reife.

Aus einer Zeitschrift las ich mal ein Zitat:

**„Das Leben ist schön... von einfach war nie die Rede."**

Noch ein Spruch von Khaul Gibran der hier ganz gut passt:

**Man muss durch die Nacht wandern, wenn man die Morgenröte sehen will.**

## Das Ziel der Langsamkeit

Wenn ich mit meinen Stöcken zum Walken unterwegs bin, dann laufe ich nicht, ich gehe. Ich widme mich da ganz bewusst der Natur und den unscheinbaren, kleinen Dingen. Oft fotografiere ich ganz kleine, unbedeutende Objekte. Das kann ein kleiner Käfer, ein Pilz oder ein Gänseblümchen sein. Auch diese kleinen Schätze der Natur sind es wert beachtet zu werden, denn sie bereichern meine Seele. Hier geht es mir nicht um Zeit und wie schnell ich mein Ziel erreiche. Da ist der Moment und der Weg das Ziel. Ich bin einfach unterwegs. Dieses in der Natur unterwegs zu sein – nennen wir es mal „Flanieren" – ist für mich so eine Art Lebenseinstellung geworden. Ich glaube nur wenige kennen noch diesen Genuss der Langsamkeit, der Hingabe des Müßiggangs. Die meisten Leute hetzen sich ab, bei ihrer Arbeit und für ihre Familie. Die ganze Woche ist bei den meisten Leuten voll mit irgendwelchen Terminen, die sie nach ihrer Arbeit noch wahrnehmen müssen. Da hat Langsamkeit keinen Platz mehr. Kein Wunder, wenn dann durch diesen Stress, psychosomatische Symptome jeglicher Art, Burnout und Rückenprobleme schon zur Volkskrankheit geworden sind. Man darf auch mal einen oder zwei Gänge zurückschalten und bewusst langsam sein. Es ist schon in Vergessenheit geraten, dieses freudvolle Nichtstun und selbstbewusste Zeitverschwendung. Vielleicht kommt das ja erst mit dem Älterwerden. Ich habe sie für mich entdeckt, als es mir gesundheitlich sehr schlecht ging und in

die psychosomatische Klinik kam. Nach meiner Entlassung aus dieser Klinik ging ich jeden Tag raus in die Natur. Ich lasse mich da manchmal einfach so treiben und schlendere nur so durch den Wald. Ohne Hast und Eile unterwegs zu sein ist etwas heilsames. Ich bin dadurch sehr viel achtsamer in meinem Alltag und mit mir selbst geworden. Diese Achtsamkeit erreicht man nur in der bewussten Langsamkeit. Am schönsten und effektivsten kann ich flanieren, wenn ich allein unterwegs bin und auch mal allein einen Stadtbummel mache. Dazu brauche ich so gut wie gar nichts. Keine Begleitung und kein festes Ziel. Nur Zeit! Ich schlendere gerne auch im Urlaub durch die Stadt und bin dann schon auch mal ein stiller Beobachter des pulsierenden Lebens und der Menschenmenge, die mich umgibt. Da spüre ich das Leben und komme mir dadurch wieder näher. Ich bin deswegen gerne alleine unterwegs, weil ich dann auch mein Tempo selbst bestimmen kann. Ich nehme beim Flanieren wahr, wie das Leben an mir vorbeifließt und auch mich mitnimmt. Im Inneren tankt man wieder Leben auf. Das Ziel der Langsamkeit!
Hier ein Zitat von Anton Tschechow:

*„Ich bin der Meinung, ein wirkliches Glück ohne Müßiggang ist unmöglich!"*

Ich finde, da hat er recht. Ich nehme mir die Zeit, Auslagen im Schaufenster anzusehen oder das Treiben in der Fußgängerzone und dabei Menschengesichter zu beobachten.

Früher war es so, da mussten die armen Leute zu Fuß gehen, weil sie sich kein Auto leisten konnten. Nur die Reichen verfügten über ein Automobil. Indessen hat sich das geändert. Wer heute gehen will, muss Zeit zur Verfügung haben. Das heisst, in der heutigen Zeit ist man dann reich, wenn man es sich zeitlich leisten kann, eine Strecke von drei oder vier Kilometern zu Fuß zu gehen.

## Die Corona-Pandemie

Die Corona-Pandemie hat fast alles auf den Kopf gestellt. Ich weiß noch als es Mitte März plötzlich hieß: Die Schulen sind vorerst bis 20. April geschlossen. Über digitale Medien sollten die Kinder zu Hause beschult werden. Für mich als Schulbegleitung hieß das erstmal – zu Hause bleiben. Doch wie ging es jetzt weiter? Diese Corona-Epidemie hat die ganze Welt im Griff. Die ganze Wirtschaft geriet aus den Fugen. Wie lange wird diese Pandemie dauern? Keiner weiß es. Von den Politikern wurde angeordnet aus Sicherheitsgründen zu Hause zu bleiben, um die Ansteckungsgefahr einzudämmen. Ich versuche das Beste aus der Situation zu machen und genieße es Daheim zu sein. Ich habe sogar das Gefühl, dass es mir guttut. Zeit für mich und meine Hobbies zu haben. Ich habe mir ein Atelier zum Malen eingerichtet und lasse da meiner Kreativität freien Lauf.
Täglich hört man momentan im Fernsehen von neuen infizierten Coronafällen und ich lehnte deshalb vorerst ab, als meine Chefin mich im Behindertenwohnheim einsetzen wollte. Ich hatte mittlerweile schon Angst bekommen, mir diesen unsichtbaren Virus einzufangen. Schließlich ist mein Mann auch nicht mehr ganz gesund und dadurch gefährdet. Tausende von Menschen auf der ganzen Welt sind an diesem Virus gestorben.
Viele tausende von Menschen kommen in finanzielle Krisen. Alle Gaststättenbetriebe, Cafes, Hotels mussten schließen. Sämtliche Veranstal-

tungen mussten abgesagt werden. Auch Gottesdienste wurden nur noch über das Fernsehen übertragen. Es dürfen keine Krankenbesuche gemacht werden und man darf nur noch zum Einkaufen das Haus verlassen. Ein Sicherheitsabstand von eineinhalb Meter wurde angeordnet und zum Einkaufen wurde das Tragen von Mund-Nasen-Masken zur Pflicht. Was für eine Zeit!
Die Pandemie hat aber irgendwie auch etwas Positives bewirkt: Die Menschen zeigen in dieser schweren Zeit auch eine Welle der Hilfsbereitschaft. Es wird für ältere Leute, die zu den Risikogruppen zählen eingekauft und es werden Geschenke für Bedürftige verteilt. Außerdem schätzt man wieder viel mehr, was wir vorher alles gehabt haben. Es war alles so selbstverständlich – diese Normalität. Wir konnten am Sonntag zur Kirche, einen Ausflug machen, ins Hallenbad zum Schwimmen, ins Kino und so weiter. Es tut aber auch gut, sich zu Hause auch mal sinnvoll zu beschäftigen. Mein Mann und ich haben zum Beispiel zusammen Mund-Nasen-Masken hergestellt. Wir haben beide total gut zusammengearbeitet, dass es richtig Spaß gemacht hat. Er hat den Stoff zugeschnitten und ich habe genäht. Eine richtig gute Teamarbeit und eine sinnvolle noch dazu. So haben wir mittlerweile über hundert Masken genäht und konnten dann auch viele Bekannte und Verwandte mit selbstgenähten Masken versorgen.
Mittlerweile ist es Mai geworden und mein Schulkind ist immer noch zu Hause. Als nun nochmal eine Anfrage kam, ob ich bereit wäre zehn Stunden die

Woche im Behindertenwohnheim zu arbeiten, sagte ich unumwunden zu. Mir war auch klar, wenn ich jetzt wieder ablehne, müsste sie mich ausstellen und das wollte ich dann doch nicht.

Diese Woche am elften Mai fing ich also wieder an zu arbeiten. Ich habe noch nie in einem Behindertenwohnheim gearbeitet und hatte deshalb doch etwas Sorge, dass ich den Anforderungen nicht gewachsen sein könnte. Meine bisherige Tätigkeit als Schulbegleitung ist damit doch nicht zu vergleichen. Ich ließ mich aber einfach mal darauf ein, weil ich mir dachte hier auch neue Erfahrungen sammeln zu können. Mein neuer Job sollte sich aber dann doch ganz anders gestalten. Ich wurde auf der Wohngruppe für das Putzen eingeteilt, was mir voll und ganz entgegenkam. Ich konnte selbständig arbeiten und das ist mir gerade recht. Täglich von acht bis zehn Uhr. Es gefällt mir dort sogar, weil die Kolleginnen alle sehr nett sind. So lerne ich nach und nach alle kennen. Auch die Bewohner und ihre ganz persönlichen Eigenheiten. Wohin wird mein Weg mich noch führen? Ich lasse mich mehr und mehr von Gott führen und bin immer neugierig auf was Neues. Ich habe vor Kurzem eine ganz liebe Karte aus dem Wohnheim meines Sohnes Manuel bekommen, auf der ein sehr schönes Gedicht von Daggy Ludwig stand, das mir sehr gut gefällt. Ich habe mich über diese Karte sehr gefreut, weil sie irgendwie Mut macht und den können wir alle in dieser nicht leichten Zeit gut gebrauchen. Ich stelle es Ihnen gerne hier vor, um auch Ihnen Mut zu machen, wenn Sie es lesen. Es heißt „Kopf hoch" und ist auch nur ein ganz kurzes Gedicht.

**Kopf hoch**

Manchmal muss man Dinge einfach ertragen,
ohne zu fragen.
Man erkennt keinen Sinn darin.

Das Schicksal schlägt zu,
lässt auch Dich nicht in Ruh'.
Lacht Dir höhnisch ins Gesicht,
lächle zurück, fürchte es nicht.

Vertrau auf die Zeit,
die die Schatten vertreibt.
Alles wird gut,
nur Mut!

## Sehnsüchte

Ich habe von Freiheit, von meinen Wünschen, vom Loslassen, vom Älterwerden, von Geborgenheit, Gelassenheit und von der Meditation geschrieben, doch noch nicht von den Sehnsüchten. Natürlich habe ich auch Sehnsüchte. Ich denke, das ist etwas ganz normales und menschliches. Eine ganz besondere Sehnsucht habe ich jedes Jahr nach meinem Urlaub. Schon ein Vierteljahr vor meinem Jahresurlaub überkommt mich das Fernweh. Im Dezember habe ich schon gebucht. Es soll wieder ins Land der tausend Seen gehen. Sehnsüchtig schaue ich mir jetzt schon meinen Urlaubsort im Internet an. Ob es dieses Jahr mit meinem Urlaub wegen der Corona-Pandemie klappt? Ich weiß es nicht. Sollte es nicht klappen, sage ich mir: „Naja dann eben nicht, dann hat das bestimmt auch seinen Sinn und hake es einfach ab." Ich werde zwar anfangs etwas enttäuscht sein, klar, weil ich mich jetzt schon sehr darauf freue, aber es gibt schlimmeres als das. Ich bin zum Beispiel unsagbar dankbar, dass ich und meine Familie noch gesund sind und wir vom Corona-Virus noch verschont geblieben sind. Ich bete täglich dafür, dass das auch weiterhin so bleibt. Das finde ich viel wichtiger. Seit dieser Corona-Pandemie sind wir nicht mehr viel aus dem Haus gekommen. Ich habe zum Beispiel auch zu Hause auf eine gewisse Art und Weise meine Sehnsüchte gestillt, in dem ich einfach Sachen gemacht habe, an denen ich Spaß hatte. Das Nähen zum Beispiel. Nachdem die erforderlichen Mundschutze wegen dem Corona

knapp wurden, fingen viele Leute an, diese aus Stoff zu nähen. So auch ich. Ich habe mir Stoffe bestellt, verschiedene Farben und fing an Mund-Nasen-Masken zu nähen. Sogar mein Mann half mit und so machte es noch mehr Spaß.
Des weiteren habe ich gemalt. Immer wieder habe ich neue Ideen und Inspirationen bekommen. Meine Sehnsüchte haben so Farben und Formen angenommen. Ich denke, ich habe mich in der Corona-Krise ein stückweit selbst verwirklicht. Ich wusste zum Beispiel gar nicht, dass ich so gut nähen kann und habe zum ersten Mal meine Nähmaschine besser kennengelernt. Es hatte auch etwas Gutes: Die Masken konnte ich teilweise auch spenden. Es hat mir gut getan, diese unfreiwillige Auszeit. Ich bin immer ganz bei mir und auch gerne zu Hause. Im Moment verändert sich beruflich gerade sehr viel bei mir. Ich bin wieder auf Arbeitssuche als Schulbegleitung. Die Corona-Krise hat vieles durcheinander gebracht. Mal sehen, was auf mich noch wartet. Ich sehne mich schon danach, wieder ein Kind in der Schule begleiten und unterstützen zu können. Ich bin bereit, mich auf neue Wege einzulassen. Vielleicht klappt es ja im neuen Schuljahr wieder. Ich akzeptiere auch meine scheinbar unerfüllten Sehnsüchte, denn auch sie bereichern mich und meine Gefühle. Ich weiß jetzt auch – gerade seit der Zeit des Daheimbleibens – dass viele meiner Sehnsüchte, das Sehnen nach meinem Ich sind. Ich kam zu der Zeit zu mir selbst, weil ich eben nirgendwo hin musste. Meine Sehnsüchte gehören eben zu mir und dazu stehe ich auch. Dafür brauche ich mich auch nicht

schämen. Ich habe durch sie schon oft auch meinen Weg gezeigt bekommen.
Ich glaube, dass die Sehnsucht – ich meine damit die gesunde Sehnsucht – von Gott kommt.
Sehnsüchte dürfen auf gar keinen Fall Druck, Stress oder das Verlangen auf immer noch mehr auslösen. Das kommt niemals von Gott und wäre alles andere als gesund. Manchmal ist es wirklich nicht leicht, der Stimme der Sehnsucht zu folgen oder sie zu hören, bei den vielen äußeren Einflüssen in seinem eigenen Umfeld, doch ich kann das ganz gut. Tief aus meinem Herzen kommen meine Sehnsüchte und sie geben mir den notwendigen Mut, sie zu verwirklichen.
Ich habe mich in meiner Vergangenheit so sehr danach gesehnt, eine Arbeit als Schulbegleitung zu bekommen. Obwohl ich zu dem Zeitpunkt eine Arbeit als Reinigungskraft in einem Privathaushalt hatte, bewarb ich mich in meinem Alter – immerhin war ich da bereits 54 Jahre alt – trotz der Aussichtslosigkeit, bei allen Einrichtungen in unserer Region als Schulbegleitung. Die Sehnsucht als solche zu arbeiten und mein Wissen, dass ich das kann trieb mich dazu an. Meine Sehnsucht danach wuchs immer mehr, deshalb fragte ich bei diesen Einrichtungen auch immer wieder nach, doch ich wurde immer wieder vertröstet. Meine Hoffnung schwand mehr und mehr, auch deshalb, weil ich keine gelernte Fachkraft im Behindertenbereich bin. Als ich meinen Wunschtraum schon aufgegeben und losgelassen hatte, bekam ich dann endlich die Chance als Schulbegleitung tätig zu werden. Nach sage und

schreibe zwei Jahren bekam ich den so ersehnten Anruf.
Heute weiß ich, dass alles zu seiner Zeit kommt, dass ich erst loslassen und Kraft tanken musste, um Neues zu beginnen. Ich brauchte Zeit zum Auftanken und zum Sammeln, um einen neuen Weg zu beschreiten. Jedenfalls war ich überglücklich. Manchmal muss man auch einen Schritt zurückgehen, um Anlauf zu nehmen. Meine Sehnsucht als Schulbegleitung zu arbeiten, trieb mich mit einem gewissen Anlauf zur Bewerbung als solche. Am Ende ist alles gut geworden und ich arbeite schon das fünfte Jahr als Schulbegleitung. Ich hoffe, dass ich diesen Job noch viele Jahre weitermachen kann.

## Alles wird gut

Was ich in all den Jahren auf meinem Weg gelernt habe ist, bei mir selbst zu bleiben, um durch schwierige Zeiten zu kommen und natürlich auch das Positive daraus zu ziehen. Mir selbst genug Zeit zu schenken, um dann auch wieder für die Anderen da sein zu können. Wichtig ist es für mich geworden, meine Selbstzweifel einzugestehen und sie letztendlich zu überwinden. Nicht zu vergessen und ebenso wichtig für mich ist die Kommunikation, sowohl mit meinem Mann und meinen Freunden, als auch mit der Natur. Ich habe zum Beispiel im Wald an meinem Lieblingsplatz, einen Lieblingsbaum den ich jedesmal berühre oder auch mal umarme und da spüre ich immer eine wunderbare Kraft, die von dem Baum auf mich übergeht. Dies hat zum größten Teil auch zu meiner Heilung beigetragen. Ich bin zum Beispiel in meiner Kraft, wenn ich bei mir bleibe. Wenn ich mich nicht im Anderen – zum Beispiel in meinem Mann – oder in einer schwierigen Lage verliere. Ich vertraue mittlerweile meiner eigenen Kraft und bleibe am ehesten bei mir, wenn ich ein Bild male, meditiere und bete, oder im Wald unterwegs bin. Auch beim Üben in der Achtsamkeit, wenn ich zum Beispiel nur so Tätigkeiten im Haushalt verrichte, bin ich ganz bei mir.
Ich darf nicht leugnen, dass ich mir in der Vergangenheit viele Sorgen gemacht habe, die mich letztendlich krank gemacht haben. Meine Gefühle waren ein einziges Chaos. Ich war durcheinander, traurig, depressiv

und hin- und hergerissen. Gerade da, als unser behinderter Sohn Manuel ins Heim kam. Ich musste mich erst an die neue Situation gewöhnen und dasselbe galt auch für meinen Mann, für den es mit Sicherheit auch nicht einfach war. Zugleich wusste ich aber auch, dass ich meinen erwachsenen Sohn, auch wenn er behindert war, loslassen musste und tat dies letztendlich, weil es auch zum Leben dazugehört und ganz normal ist, dass Kinder irgendwann aus dem Hause gehen. Nach dieser Phase des Gefühlschaos und Krankheiten erholte ich mich langsam und bemerkte in mir, wie ich begann, mich innerlich zu verändern. So nach und nach, weil ich immer mehr bei mir selbst bin. Ich ließ von Altem los und entwickelte so etwas wie Faszination für das Neue, für die Veränderungen, die ich an mir bemerkte, für das noch nie Dagewesene. Es war schön und interessant, diese Entwicklung an sich feststellen zu können. Diese positive Veränderung, die sich bei mir angefangen hat abzuzeichnen. Ich habe dadurch neuen Mut gefasst und eine andere positive Sichtweise zu meinem Leben bekommen. Manchmal ist da noch das Alte vorhanden, obwohl sich schon das Neue auf den Weg gemacht hat und bereits sichtbar ist. Dieser Wandel brauchte natürlich auch seine Zeit, der sich über Jahre hin streckte, ein Prozess, bis sich mein Leben neu entfaltete und mich glücklich macht, weil ich ihn bewusst erleben durfte. Alles ist gut geworden, weil ich Veränderungen zugelassen habe.

## Die Arbeit als Schulbegleitung

In den fünf Jahren seit 2015, an denen ich als Schulbegleitung arbeite, bekam ich immer wieder einen autistischen Jungen zugewiesen. Nicht zuletzt deshalb, weil ich mich eben mit autistischen Kindern gut genug auskenne. Immerhin habe ich ja selbst einen autistischen Sohn.

Menschen mit ASS (Autismus-Spektrum-Störung) möchten gerne auch dazugehören, Freunde gewinnen, sie wissen aber nicht wie sie das anstellen sollen. Hier ist die Schulbegleitung gefordert, Kontakte anzubahnen. Sie trauen sich auch oft nicht beim Spielen mitzumachen, wenn sie dazu eingeladen werden. Die Schulbegleitung kann das autistische Kind dazu ermutigen doch mitzuspielen. Das autistische Kind hat oft seine Spezialinteressen und versucht mit einem Mitschüler darüber eine Unterhaltung zu führen. Es kann aber beim Gegenüber die non-verbalen Signale nicht erkennen. Es bekommt oft auch nicht die Hinweise mit, mit denen ihr Gesprächspartner anzeigt, wie relevant er das Thema hält. So kann es passieren, dass es den Zuhörer endlos zutextet. Die Schulbegleitung ist dem autistischen Kind hierzu ebenfalls behilflich in dem sie es etwas ausbremst und erklärt, dass sein Gegenüber mit dem Thema überfordert ist und sich gegebenenfalls selbst anbietet, ihm über sein „spezielles Thema" zu erzählen, wenn es das Bedürfnis hat, darüber zu reden.

Mancher Autist kann nur schwer erkennen ob jemand sein vertrauter Freund ist und behandelt womöglich jemanden, den er fast nicht kennt, als ob dieser sein bester Freund ist. Oder aber er ist viel zu formell, weil es ihm schwerfällt den richtigen Grad der Vertraulichkeit zu treffen. In all diesen Lernaufgaben bei den sozialen Beziehungen ist es die Aufgabe der Schulbegleitung hierbei zu unterstützen. Die Schulbegleitung muss ihm die Regeln und Konventionen erklären und beibringen. Mit ihm reden, wie er angemessen Kontakt zum Anderen aufnehmen kann. Wie man ein Gespräch beendet und wie man erkennt, ob der Gesprächspartner interessiert ist. Man könnte auch ein Signalwort ausmachen, das ihn dann einbremst, wenn er wieder mal endlos redet. Eine große Hilfe ist es erstmal, die Entwicklung und den Umgang mit seinen Spezialinteressen, sie zunächst als beachtliche Kompetenz des Schülers ernstzunehmen. Um ihm andere Lerninhalte zu vermitteln, ist es oft ganz hilfreich, dies über sein Lieblingsthema zu tun, um ihm dann über diesen Weg neue Inhalte anzubieten. Der Einfallsreichtum der Schulbegleitung ist hier gefragt und dem sind hierbei keine Grenzen gesetzt. Zu den Aufgaben einer Schulbegleitung gehört es auch, das autistische Kind auf eine bevorstehende Veränderung vorzubereiten. Denn Autisten kommen mit Veränderungen nur sehr schwer klar. Wenn sie nicht ihrer Routine folgen können, kann es unweigerlich zu Problemen bis hin zum Ausraster kommen. Wenn ich merke, dass mein Schulkind nicht mehr ansprechbar ist – denn autistische

Kinder leben oft in ihrer eigenen Fantasiewelt – hole ich ihn nicht selten in die Realität zurück.

Mir ist in den Jahren, in denen ich meinen ersten autistischen Schüler begleitet habe, oftmals die Rolle des Vermittlers, des Beobachters und des Sprachrohrs zugefallen. Im Schulalltag bin ich gerade in der Anfangsphase mit ungeteilter Aufmerksamkeit in der Nähe des Schülers und beobachte ihn, wo seine Stärken und Schwächen wirklich sind. In welchen Situationen er sich sicher fühlt und wann Unruhe oder Verlust von Aufmerksamkeit auftreten. Diese Beobachtungen sind für die Zusammenarbeit bei der Integration des Kindes außerordentlich wertvoll. Auch ein regelmäßiger Austausch darüber mit den Lehrkräften und auch mit den Eltern sind unerlässlich. In diesem Kontext werde ich zum Sprachrohr des Schülers. Darüber hinaus auch für seine Probleme oder oftmals unentdeckte Potentiale, die der Schüler selbst schlichtweg nicht ausdrücken kann. Die Rolle des Vermittlers habe ich oft zwischen der Lehrkraft und dem Schüler, wenn es um den direkten Unterrichtskontext geht. Doch nicht nur deshalb, sondern ebenso im sozialen Bereich zwischen ihm und seinen Mitschülern. Ich helfe meinem Schulkind dabei, wie er sich anderen gegenüber besser verständlich machen kann. Im Unterricht übersetze ich bei Bedarf für das Schulkind Aufgabenstellungen oder zu bearbeitende Texte so, dass er den Sinn richtig versteht und seinen Fähigkeiten entsprechend die Anforderungen erfüllen kann. Ich übersetze dann das Erleben des Schülers in die „Sprache" und

Erfahrungswelt der Mitschüler, der Lehrer oder der Eltern. Gerade das was so häufig missverstanden wird.

Da ein autistisches Kind häufig in seiner Aufmerksamkeit und im Aufbau hilfreicher Lernstrukturen stark beeinträchtigt ist, übernehme ich auch in diesem Bereich eine sehr wichtige Aufgabe. Ich gebe gewisse Strukturen wie zum Beispiel Ordnungsrichtlinien und Vorgänge vor und sorge für dessen Einhaltung. Sobald der Schüler abschweift, lenke ich ihn auf das aktuelle Thema zurück. Ganz gut bewährt hat sich hier auch immer, wenn ich das Kind kurz angesprochen und dabei an der Schulter oder am Oberarm berührt habe.

Bei Unsicherheiten von Handlungsabläufen im Unterricht helfe ich dem Kind durch kleinschrittige Gliederung. Zum Beispiel: Erst Aufgabe lesen, dann die Reihenfolge zur Bearbeitung festlegen und Punkt für Punkt abarbeiten.

Autistische Kinder benötigen vor Allem auch einen gewissen Schutz vor Reizüberflutung. Zum Beispiel optimale Lichtverhältnisse. Sie reagieren sehr empfindlich, wenn im Sommer die Sonne zu stark blendet. Viele brauchen es eher abgedunkelt. Situationen wie ein Sportfest überfordert den Autisten mit zu vielen Reizen... die Musik, zu viele Schüler, ein Riesenangebot an sportlichen Aktivitäten. Der autistische Schüler wird immer unruhiger und hält sich die Ohren zu. Hierzu ermöglicht ihm die Schulbegleitung im schlimmsten Fall das Verlassen der Situation. Die Schulbegleitung bietet dem autistischen Schüler natürlich auch Schutz vor Provokationen,

Hänseleien, Tätlichkeiten und Mobbing durch Mitschüler. Auch das war mir in der Vergangenheit bei meiner Arbeit als Schulbegleitung nicht fremd und ich glaube, auch hier habe ich diese Problematik ganz gut entschärft, in dem ich mit den entsprechenden Mitschülern, die ich schon lange genug kenne, ernsthaft gesprochen habe. Im Nachhinein habe ich durch Erklärungen die Situation entspannt.

## Was ist Autismus?

Einige Leser, die mein erstes Buch „Erika" gelesen haben, vermissten darin ein wenig, dass ich über die Autismus-Spektrum-Störung zu wenig geschrieben habe, oder dies nicht ausführlich genug getan habe. Darum werde ich das hier noch im Anschluss tun.
Ich halte mich hierbei an eine Informationsbroschüre des Bundesverbandes „Autismus Deutschland" in Hamburg.
Autismus-Spektrum-Störungen sind tiefgreifende Entwicklungsstörungen.

Es wird unterschieden zwischen dem „Frühkindlichen Autismus," dem „Asperger-Syndrom" und dem „Atypischen Autismus." Die Unterscheidung fällt immer schwerer, weil immer mehr leichtere Formen der einzelnen Störungsbilder diagnostiziert werden. Daher wird heute der Begriff der „Autismus-Spektrum-Störung" (ASS) als Oberbegriff für das gesamte autistische Spektrum verwendet.

Die Symptome des frühkindlichen Autismus zeigen sich bereits vor dem dritten Lebensjahr und in drei Bereichen besonders deutlich: Zum Einen im sozialen Umgang mit Mitmenschen, in der Kommunikation und zum Anderen im sich wiederholenden und stereotypen Verhaltensweisen.

Menschen mit Autismus können soziale und emotionale Signale nur schwer einschätzen und haben auch ihre Schwierigkeiten diese auszusenden. Die Reaktionen auf Gefühle anderer Menschen oder Verhaltensanpassungen an soziale Situationen sind meist nicht angemessen. Nicht sehr ausgeprägt ist auch das Imitationsverhalten der Menschen mit Autismus, was wiederum Auswirkungen auf die Entwicklung des nachahmenden Spiels hat.

Im Bereich der Kommunikation sind die Entwicklung des Sprachgebrauchs und Sprachverständnisses gleichermaßen betroffen. Dadurch sind Gesprächsaustausch, Flexibilität in der Ausdrucksweise und Betonung oder Sprachmelodie ebenso wenig ausgeprägt, wie die begleitende Gestik, durch die die Sprache betont und ihr Sinn unterstrichen wird.

Die Besonderheiten im Verhalten sind durch eingeschränkte, sich wiederholende und stereotype Verhaltensmuster, Interessen und Aktivitäten charakterisiert. Starr und routiniert werden die alltäglichen Arbeiten verrichtet. Mit ständig wiederholenden Beschäftigungen mit Daten, Fahrrouten oder Fahrplänen können sich ergeben. Stereotypien, wie Schaukeln, Wedeln mit den Händen oder Kreiseln von Dingen sind häufig zu beobachten. Menschen mit Autismus können große Probleme mit Veränderungen von Handlungsabläufen oder Details der persönlichen Umgebung zum Beispiel die Veränderung der Dekoration oder der Möbel in der Wohnung haben und zum Teil sehr stark auf diese reagieren. Neben dieser Merkmale sind Menschen mit Autismus häufig auch noch mit einer Reihe psychischer Begleitstörungen, wie übersteigerte Ängste, Phobien, Schlaf- und Essstörungen sowie herausforderndes Verhalten in Form von Wutausbrüchen und fremd- oder selbstverletzenden Verhaltensweisen belastet. Die meisten Menschen mit Autismus lassen Spontanität, Initiative und Kreativität vermissen. Sie haben Probleme Entscheidungen beim Bewältigen einer Aufgabe zu treffen auch wenn die Aufgabe kognitiv zu bewältigen wäre. Mit zunehmendem Alter ändern sich die Merkmale der autistischen Störungen. Im Erwachsenenalter mit gleichbleibenden Voraussetzungen in der Sozialisation, der Kommunikation und den Interessen, bleiben sie jedoch bestehen. Sie sind auch in ihrem Ausprägungsgrad von Person zu Person verschieden. Autismusbedingte Beeinträchtigungen können zwar häufig gebessert, aber nicht geheilt werden. Die meisten Menschen mit Autismus benötigen aufgrund der umfangreichen Behinderungen eine lebenslange Hilfe und Unterstützung, deren Grad ebenfalls sehr unterschiedlich sein kann. Autismus ist unabhängig vom Intelligenzniveau, jedoch wird hierbei oft noch eine Intelligenzminderung diagnostiziert.

Das Asperger-Syndrom unterscheidet sich von anderen Autismus-Spektrum-Störungen in erster Linie dadurch, dass oft keine Entwicklungsverzögerung bzw. kein Entwicklungsrückstand in der Sprache oder kognitiven Entwicklung vorhanden ist. Die meisten Menschen mit Asperger-Syndrom besitzen eine normale allgemeine in Teilgebieten besonders hohe Intelligenz. Hingegen sind in der psychomotorischen Entwicklung und der sozialen Interaktion Auffälligkeiten festzustellen.

Es liegen leider keine genauen Angaben zur Häufigkeit von ASS in Deutschland vor.

Trotz umfangreicher Forschungsergebnisse hat sich bislang noch kein umfassendes Modell herausgebildet, das vollständig und schlüssig das Entstehen autistischer Störungen erklärt hätte. So unterschiedlich sich die ursächlichen Faktoren für das Syndrom bisher darstellen, so vielfältig und jeweils an den Bedürfnissen des Einzelnen ausgerichtet sind auch die pädagogischen und therapeutischen Ansätze.

## Literaturempfehlungen

„Erika" Die Geschichte einer Mutter, die ihr autistisches Kind großzog und sich danach selbst entdeckt. Von Erika Bayrle   ISBN: 9 783746 067346.

„Vögel fliegen ohne Koffer"  Meditieren frei von Ballast und Anstrengung. Von Ajahn Brahm
ISBN: 978-3-7787-8204-0.

„Du hast alle Zeit der Welt"  Achtsam und gelassen leben in einer Welt voller Hast und Eile. Von Lama Surya Das  ISBN: 978-3-7787-8220-0.

„Du hast alle Zeit der Welt"  Achtsam und gelassen leben wie ein Buddha. Von Lama Surya Das
ISBN: 978-3-453-70232-5

„Kein Pfad"  Aus der Stille leben. Von Richard Stiegler   ISBN: 978-3-89901-038-1.

„Nach innen lauschen"  Inspirationen für die spirituelle Praxis.  Von Richard Stiegler
ISBN: 978-3-86781-119-4

„Yofi oder die Kunst des Verzeihens"  Von Oliver Bantle  ISBN: 978-3-8270-0714-8
„Die 7 Geheimnisse der Schildkröte" Geborgenheit finden in sich selbst.  Von Aljoscha Schwarz und Ronald Schweppe  ISBN: 978-3-7787-8196-8.


„Das Leben ist ein Fluss" Über das Älterwerden. Von Patricia Tudor-Sandahl
ISBN: 978-3-451-05923-0


„Der Weg des sanften Löwen" Warum es sich lohnt, anders zu sein. Von Rüdiger Schache
ISBN: 978-3-442-22182-0


„Die Kunst des Lebens" Vipassana-Meditation nach S.N. Goenka.  Von William Hart
ISBN: 978-3-423-34338-1


„Jetzt!" Die Kraft der Gegenwart.  Von Eckart Tolle
ISBN: 978-3-89901-301-6
ISBN E-Book: 978-3-89901-009-1


„Der wunde Punkt" Die Kunst, nicht unglücklich zu sein. Zwölf Schritte zur Überwindung unserer seelischen Problemzonen. Von Wayne W. Dyer
ISBN: 978 3 499 17384 4

„Veränderung" Wenn aus Lebenswenden Neues wächst. Von Christiane Rösel
ISBN: 978-3-7751-5729-2


„Ganz im Moment oder Warum sollte sich ein Tautropfen vor dem Ertrinken im Ozean fürchten?"
Auf der Spur von mehr Klarheit, Gelassenheit, Weisheit und Erleuchtung. Von Marlies Holitzka und Klaus Holitzka  ISBN: 3-89767-159-X

All diese Bücher habe ich selbst gelesen und kann sie  nur empfehlen, weil sie mich wirklich weitergebracht haben und eine positive Sichtweise zu meinem Leben gaben. Aus jedem Einzelnen konnte ich etwas lernen.

Das Buch „Erika" ist mein erstes Werk, das entstanden ist, in dem ich mir zunächst nur einiges von der Seele schreiben und frei werden wollte, als es mir schlecht ging. Dass daraus einmal ein Buch entstehen würde, wusste ich damals noch nicht.

## Über die Autorin

Erika Bayrle, Jahrgang 1961.
Gebürtig aus Lambertsneukirchen, einem kleinen Dorf in der Oberpfalz.
Wohnhaft in Hainsfarth bei Oettingen in Bay.

Sie beendete 1976 die Hauptschule in Nittenau. Nach ihrer Lehre als Verkäuferin in einer Metzgerei heiratete sie und zog zu ihrem Mann ins Donau-Ries. Hier arbeitete sie in einer Türenfabrik, bis ihr Sohn zur Welt kam. Durch ihren Sohn, der an frühkindlichem Autismus leidet und ihr einziges Kind blieb, führte ihr Weg in den Behindertenbereich. Darin hat sie sich stetig fortgebildet.

Sie gründete 2007 den Regionalverband „Autismus Donau-Ries," mit der Intention anderen betroffenen Eltern zu helfen und therapeutische Hilfe für autistische Kinder in die Region zu bringen. Dies ist ihr dann auch gelungen. Heute arbeitet sie als Schulbegleitung und unterstützt einen autistischen Jungen in der Schule.

**Kontakt zur Autorin:**

Erika Bayrle
Mühlstraße 15
86744 Hainsfarth
E-mail: erikabayrle@mailbox.org

Notizen: